# 人口論入門

Introduction to Population Studies

杉田菜穂
Naho Sugita

●歴史から未来へ

法律文化社

# はしがき

　これから数十年の間に日本の人口は急速に減少します。その原因である少子化について、どう考えればよいでしょうか。

　少子化とその結果としての人口の減少は、私たちの生殖をめぐる選択を集計した結果です。私たちの選択が経済全般にインパクトをもたらすことで、社会の行く末を大きく左右することになります。人口急減時代を生きる私たちは、その影響をまともに受けながら、次の時代へのスムーズな移行を可能とするために、個人としてだけではなく、社会としての選択を迫られています。人口論の歴史をたどると、その時々の専門家が様々な問題提起を試みてきたことがわかります。その意義や限界を理解したうえで今日の人口問題について考えることが、私たち一人一人に求められているといえるでしょう。

　そのような状況のなかで、本書は、歴史から学ぶことを重視しつつ、出生、死亡、移動といった人口現象とそれに関連する政策課題について考えを深められるように工夫したものです。

　テキストを書かないかとお声かけをいただき、出版に至るまでのご支援をいただいた法律文化社の田靡純子様に、厚く御礼申し上げます。

2017年5月　　杉田　菜穂

# 目 次

はしがき

序　章　**人口への関心** ……………………………………… 1
　　　　コラム❶性的マイノリティ

第1章　**人口論の射程** ……………………………………… 5
　　　　人口とは／人口政策／世界の人口／国際連合と人口問題／世界人口会議から国際人口開発会議へ／人口転換と人口構造／人口ピラミッド／労働力人口／失業の形態／人口の質／命の選別
　　　　コラム❶国際人口開発会議

第2章　**人口論の形成と展開** …………………………… 19
　　　　経済学のなかの人口論／古典派から新古典派へ／新マルサス主義／過剰人口論から減少人口論へ／出生減退の理論／優生と優境／政策課題としての人口資質の向上／日本における人口論の受容／人口論争の生起／産児調節運動
　　　　コラム❷エレン・リチャーズ

第3章　**戦前日本の行政における人口認識** …… 33
　　　　人口認識の形成と展開／前史としての人口－衛生行政／人口－社会行政の形成／社会進歩をめざす人口政策／国際問題としての人口問題／戦時人口政策
　　　　コラム❸太平洋問題調査会

第4章　**戦後日本の行政における人口認識** …… 43
　　　　人口－厚生行政課題の推移／人口問題審議体制の確立／日本人口学会の創立／人口政策と

iii

福祉政策／家族計画論／国際家族計画会議の開催／新生活運動／社会開発論／人口と社会保障の交差／地域開発論／社会保障研究所／転機としての1970年代／能力開発論／人口分野の国際協力／家族政策論
　　コラム❹新生活運動

第5章　**少子化の理論と出生力変動**……………… 59
出生力の経済学／ベッカーの登場／出生力の社会学／フェミニズム／日本における出生力変動／避妊と人工妊娠中絶／結婚と出産／日本的雇用／出生動向基本調査
　　コラム❺妊娠適齢期

第6章　**少子化対策の形成と展開**………………… 71
1.57ショック／待機児童問題と三歳児神話の否定／エンゼルプラン／次世代育成支援／子ども・子育て支援新制度／幼稚園と託児所／幼稚園と保育所／幼児教育論から子育て支援論へ／育児休業／児童手当／子どもの貧困
　　コラム❻第3次ベビーブーム

第7章　**女性のライフスタイルの多様化**……… 83
専業主婦／女性の社会進出／男女雇用機会均等法／女性の就業継続の難しさ／パートから多様な正社員へ／女性活躍の推進／ワークライフバランスの意識と実態
　　コラム❼均等法第一世代

第8章　**原点としての母性保護論争**……………… 93
仕事と子育てをめぐる論争／女性運動の源流／与謝野晶子の母性中心主義批判／主婦論争／女性雑誌のなかの論争／政策が前提とする家族像／男女共同参画社会へ
　　コラム❽文学に表現された出産

第9章 **少子高齢化と社会保障**……………………… 101
　　　　ゆがむ人口ピラミッド／公的扶助と社会保険／社会保障／福祉国家／憲法第25条と日本の社会保障／社会保障給付費の増大／世代間格差と損得論／全世代対応型の社会保障へ
　　　　　コラム❾社会連帯

第10章 **二極化する地域別人口と日本の未来**… 109
　　　　人口の地域別構成／過疎と過密／地方創生／希望出生率の提起／出生率の地域格差／本格的な人口減少／外国人労働者かロボットか
　　　　　コラム❿共生社会

終　章 **歴史のなかの人口問題**………………………… 117

　学びを深めるための文献案内……119

　索引（事項／人名）……123

# 序 章　人口への関心

　人口論の祖として知られるマルサスは、その著『人口論（*An Essay on the Principle of Population*）』で「異性間の性欲は必ず存在することから人口は幾何級数的に増加するが、人類の生存に欠かせない食料は算術級数的にしか増加しない」と説いた。今から200年以上前に提起されたこの見通しは、その後、先進諸国に始まった人口転換によって反証された。産児調節の思想、技術の普及によって性欲と生殖欲は分離され、人々の身心の状態や他の欲求との相互関係によって性欲、生殖欲のあり方は多様化したのである。日本を含む多くの国で、社会の関心は少子化に集まっている。
　出生数減少の要因は、産みたくないから産まない（子どもは欲しくないからもたない）個人やカップルが増えたからだけではない。婚活、妊活といった表現が一般化していることからもわかるように、産みたくないから産まないわけではなく、産みたいのに産めない（子どもが欲しいのにもてない）といった、個人やカップルの性と生殖をめぐる苦悩や葛藤が少なからず見受けられる。この産みたいのに産めない状況の解消は、日本でも政策上の最重要課題の1つとなっている。
　少子化論議が過熱している今日の動向は、大正時代を思い起こさせる。その大正期に生起したのが、働く女性と子育てについて繰り広げられた母性保護論争である。1918年に起こった母性保護論争は、平塚らいてうの「母性（妊娠・出産・育児期の女性）は国家によって保護されるべき」とする見解と、与謝野晶子の「女性は男性にも国家にも寄りかかるべきではない」とする見解との対立を軸に、山川菊栄や山田わか等を巻き込んで展開した。当時、性と生殖について正面から論じることを憚らなかった女性

たちは、新しい女と呼ばれた。

　大正時代から高まった母性への社会的な関心は、全体としてみれば良産良育（よい子を産み、よい子に育てる）を女性にとっての自己実現であるとする価値観を一般化する方向へむかった。日本でそれが定着するのは、高度経済成長期である。1960年代には有業者の夫と無業者の妻、そして子どもが2人という家庭が増加し、それはしばしば標準家族と呼ばれた。国の統計や税金の試算などにおいては標準家族が一般的な世帯として扱われることもあり、標準家族を特権化することがジェンダー平等の観点からしばしば批判の対象となってきた。標準家族の一般化は、性別役割分業、良妻賢母、三歳児神話の肯定とも結びついている。

　一方で、女性自らが母性の役割の大きさを強調し、家庭に入って家事・育児に専念することを理想とする動きがあったのも事実である。女性自身がよい母親像を追い求めた結果として母性愛が肯定される傾向は、良産良育に対する社会的な関心を高めることになったという見方もできる。それはなぜかということともかかわるが、母性という言葉が普及し始めた大正時代には社会の進歩への関心が高まった。それを象徴するのが、時代思潮となった優生学の興隆である。

　優生学とその周辺の社会進化を志向する〈知〉が社会的に大きな影響力をもった大正期の日本では、よりよい〈生〉から成るよりよい〈社会〉への関心が性と生殖をめぐる社会的論議を巻き起こし、戦前の生活改善運動、戦後の新生活運動のなかで良妻賢母主義が強化される方向へとむかった。「男は仕事、女は家庭」に象徴される、性別によって役割に相違があることへの違和感が社会的に大きくクローズアップされない時代が長く続いた。

　そして現在再び、性と生殖に社会的な関心が集まっている。産む・産まないの選択はもちろん個人の自由だが、その結果としてもたらされた少子化問題が、人口と家族、個人の相互関係を鋭く問うているのである。

　内閣府は、2014年に「人口、経済社会等の日本の将来像に関する世論調

査」を実施した。その結果をみると、「日本の人口が急速に減少していくことについてどう思うか」という問いに対して、「人口減少は望ましくなく、増加するよう努力すべき」と答えた者の割合は33.1％、「人口減少は望ましくなく、現在程度の人口を維持すべき」は18.6％、「人口減少は望ましくなく、減少幅が小さくなるよう努力すべき」は23.5％、「人口減少は望ましくないが、仕方がない」は19.1％、「人口減少は望ましい」は2.3％、「人口が減少してもしなくてもどちらでもよい」が2.2％となっている。

さらに、「政府は総人口に関する数値目標を立てて人口減少の歯止めに取り組んでいくべきという考え方に対してどう思うか」という問いについては、「大いに取り組むべき」と答えた者の割合が41.1％、「取り組むべきだが、個人の出産などの選択は尊重する必要がある」が34.3％、「個人の出産などの選択は尊重し、そうした取組は必要最低限であるべきである」が18.3％、「そうした取組は不要である」が4.1％であった。この結果に従えば、「人口減少は望ましくない」、「人口減少の歯止めに取り組んでいくべき」という見方が優勢となっており、今後も進む人口減少は今まで以上に社会的な関心を集めることになりそうだ。

人口をめぐる政策論議は、数の問題だけでなく貧困、格差、雇用・労働、社会保障財政、過疎・過密、人権、生命倫理など、様々なテーマを抱え込んでいる。とりわけ性と生殖をめぐるテーマは、社会のなかで「これが普通」「こうあるべき」だとする規範の形成や見直しを伴いながら、今日に至るまで多様かつ重層的に展開してきた。その歴史的経緯を受けとめて、人の尊厳の問題として人口をめぐる論点の現段階を注意深く見つめることが求められている。

◀ コラム❶ 性的マイノリティ ▶

　社会には、「これが普通」「こうあるべき」といった規範が少なくない。「この社会には〈男〉と〈女〉しかいない（そして、それは身体的な性別によって決まる）」というのもその1つである。産むことができるのは身体的な女性に限られることから、人口を論じるにあたっては身体的な性別による〈男〉と〈女〉という区別を意識せざるをえないところがある。しかしながら、〈男〉と〈女〉という区別に基づく議論は、性的マイノリティにはなじまない。
　性的マイノリティは、以下のアルファベットの頭文字をとってLGBTと呼ばれるのが一般的である。
　　L esbian………… レズビアン（女性同性愛者）
　　G ay…………… ゲイ（男性同性愛者）
　　B isexual………… バイセクシュアル（両性愛者）
　　T ransgender…… トランスジェンダー（身体の性と心の性が一致しない者）
　LGBTに該当しない、異性愛者が性的マジョリティとして社会の大部分を占めている。そのなかで性的マイノリティに対する無関心や誤った認識が偏見や差別を生み、当事者は生きづらさを感じる。調査などによって、自分が性的マイノリティであることを自分の性的指向や性自認を自ら受け入れることから始まり、その自覚を周囲に明らかにしていくカミングアウトをめぐる壁など、周囲の人々と信頼関係や支え合える関係を大切にしながら生きるという当たり前のことがLGBTの当事者にとっては難しいという状況が浮かび上がっている。
　2015年11月に東京都渋谷区が同性カップルを公的に認める「パートナーシップ証明書」の交付を開始したことが社会的に大きく取り上げられるなど、性のあり方は多様だという視点を取り入れ、施策に取り組む自治体が徐々に増えている。最近では、Sexual Orientation and Gender Identityの略語であるSOGIという言葉も使われるようになった。性的指向と性自認の頭文字を合わせたSOGIは性的指向（誰を好きになるか）と性自認（自分がどんな性別だと思うか）を切り分けて語ることができ、無性愛者といったLGBT以外の性的マイノリティも包括できる。
　男性に対して女性、健常者に対して障害者、日本人に対して外国人、さらには性的マジョリティに対して性的マイノリティといった属性によって差別されない社会を作ることが、ここ数年のキーワードとなっているダイバーシティ理念の根本である。人種、肌の色、宗教、性別、性的指向、国籍、障害者、年齢など、あらゆる属性について多様性のなかの〈私〉という見方ができるようになりたい。

# 第1章　人口論の射程

## 人口とは

　人口は、一国あるいは一地域といったある社会を構成する人間の集団である。ある社会を世界と定めれば世界の人口、アジアと定めればアジアの人口、日本と定めれば日本の人口が得られる。人口変動の直接的な要因は、出生と死亡、および流出と流入である。出生と死亡による人口変動は自然増加・減少、流出と流入による人口変動は社会増加・減少として区別される。いずれにしても、出生・死亡・移動の総合的な帰結が人口変動である。

$$人口変動 = (出生 - 死亡) + (流入 - 流出)$$
$$= 自然増加・減少 + 社会増加・減少$$

　この式は、人口現象分析の基礎となる。ある社会の人口が多い・少ないといった問題は、ある期間の増加（減少）人口を期間の初めの人口で除した割合によって測定される人口増加（減少）の程度に基づいて論じられる。高齢化と人口減少、都市部への人口集中が進行している現在の日本に関していえば、地方消滅といった衝撃的な言葉を伴って人口問題がクローズアップされている。労働力不足や社会保障制度の持続、地域の疲弊など、課題山積である。

☞ **自然増加**
　　出生数と死亡数の差によって生じる人口増加分。人口の再生産能力を示す指標であり、総人口に対する自然増加の割合を自然増加率という。

☞ **社会増加**
　人口流入と人口流出の差によって生じる人口増加分。ある地域における人口の転入、転出による人口増減を示す指標であり、総人口に対する社会増加の割合を社会増加率という。

## 人口政策

　現在または将来の人口の大小、構成、分布の偏りをよりよい状態に変えることを目的に、人口過程に対して政府が介入することがある。例えば、中国で1979年に開始されて短期間に人口抑制を実現した「一人っ子政策」は、人口抑制の目的で子ども数に制限を設けた。これは明らかな人口政策であるが、人口過程に直接の影響を与えようとする人口政策と、間接的または結果的に人口過程に影響を及ぼす社会政策、経済政策とを明確に区別することは困難である。あるいは、民主主義の発達した社会において、問題がよほど深刻でない限り、個人の自由や権利を奪いかねない明示的な人口政策をとることは難しい。

## 世界の人口

　世界の人口についていえば、相反する2つの現象がみられる。日本を含む先進諸国では高齢化と人口減少に関心が集まっているのに対して、開発途上国では高い出生率と死亡率の改善による人口増加が問題となっている。現在高い出生率を維持している国についても出生率の低下傾向がみられるケースが多く、人口爆発と表現された状況からは脱しつつあるが、トータルとしての世界の人口は増加し続けている（**図1-1**参照）。
　世界人口が10億に達したのは1804年で、その後、20億に達した1927年まで123年、30億に達した1960年まで33年、40億に達した1974年まで14年、50億に達した1987年まで13年、60億に達した1999年まで12年、70億に達した2011年まで12年を要した。2016年現在、約73億人で推移している世界人

**図 1-1　地域別の年平均人口変化率**（中位推計予測）

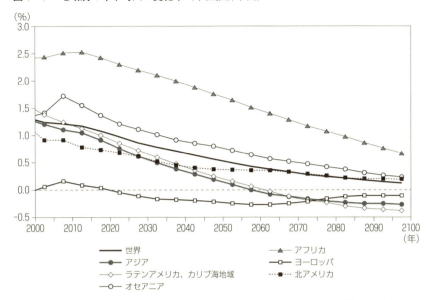

出所：United Nations, Department of Economic and Social Affairs, Population Division (2015). *World Population Prospects: The 2015 Revision.* New York: United Nations から作成

口は、2013年に国連が発表した「世界人口展望」(2012年改訂版）では、中位値として2025年に約81億人、2050年に約96億人、2100年には約109億人に達すると推測されており、当面の世界人口は増加傾向を維持するとみられている。

　人口増加は自然環境に大きな負担をかけることから、また、女性の権利と地位の向上の観点からも、国際連合は開発途上国に対する支援を中心に国際的な人口問題の解消に取り組んできた。国際連合人口基金が1978年から発表している『世界人口白書』のタイトルをみれば、その時々に注目を集めたテーマを知ることができる。1978年当初は人口増加が、1980年代に入ると家族、生活の〈質〉、女性などが取り上げられている。1994年の国際人口開発会議以降は、とりわけジェンダー平等が強調されるようになった。

☞ **ジェンダー**
生物学的な性差をセックスというのに対して、ジェンダーは社会的、文化的に形成された男女の違いをいう。

# 国際連合と人口問題

世界的な人口問題に取り組んでいるのが、国際連合である。1947年に国際連合経済社会理事会の下部機構である機能委員会として設立された国際連合人口開発委員会（1994年に改称されるまでの名称は、国際連合人口委員会。事務局は国際連合人口部）と、1967年当時の事務総長であったウ・タントによって設立され、1969年から活動を開始した国際連合人口基金（1987年に改称されるまでの名称は、国際連合人口活動基金）が両輪となって、国際連合の人口問題への取り組みは発展を遂げてきた。

☞ **国際連合人口開発委員会**
人口の変化とそれが経済や社会に与える影響について研究し、経済社会理事会に助言を与える。

☞ **ウ・タント**
第3代国際連合事務総長（任期：1962～1971年）。アジア人初の国際連合の事務総長となった。

☞ **国際連合人口部**
国際連合人口開発委員会の同委員会の事務局を務める。一方で、人口部は「人口、資源、環境、開発データバンク」、「世界人口推計」、「世界人口政策」、「世界都市化予測」など、主要なデータベースを作成、保有している。

☞ **国際連合人口基金**
国際連合の人口問題を扱う専門機関であり、実際的な事業活動を先導している。主な活動は、①開発途上国や移行経済諸国が自国の人口問題を解決できるように支援する、②加盟国政府が個人の選択に基づくリプロダクティブ・ヘルス／ライツ（性と生殖に関する健康と権利）や家族計画のサービスを改善し、持続可能な開発に沿った人口政策を策定できるように支援する、③人口問題についての認識を高め、それぞれの国のニーズに合った方法で人口問題に対処できるように各国政府を支援することである。2002年には、連絡事務所の1つとして国際連合人口基金東京事務所が開設された。

## 世界人口会議から国際人口開発会議へ

　世界人口年と定められ、ルーマニアのブカレストで世界人口会議が開催された1974年と、エジプトのカイロで国際人口開発会議が開催された1994年は、国際連合の人口問題への取り組みにおける大きな転機となった。

　国際連合の世界人口会議には、日本の代表者も第1回から参加している。会議は、1954年にイタリアのローマで第1回が開催されて以来、ほぼ10年に1回のペースで開催されてきた。第1回（1954年）と第2回（1965年）は学者・専門家の会議であったが、ルーマニアで開催された第3回（1974年）からは政府間会議となった。ドネラ・メドウズのグループが行った研究報告『成長の限界』（1972年）で、世界人口の増加と高度経済成長がもたらす人類の破局の危機が警告され、国連主導で人口問題についての関心と対策の緊急性についての努力が展開されることになった。これが第1の転機である。

　その後、メキシコのメキシコシティで開催された第4回（1884年）は国際人口会議の名のもとに開催され、それに続くエジプトのカイロで国際人口開発会議の名のもとに開催された第5回（1994年）では、活動方針における大きな転換が示された。これが第2の転機である。この会議で、リプロダクティブ・ヘルス／ライツの推進が、今後の人口政策の大きな柱となるべきことが合意された。それに従って人口政策の焦点がそれまでの国レベルから個人レベル、とりわけ女性にシフトした。また、人口問題と開発問題が密接に関連し、相互に影響しあうという考え方が国際的な共通認識となった。

　その後の国際人口開発会議で策定された行動計画の履行状況を受けて、2015年には持続可能な開発目標（SDGs）が採択された。現時点では、リプロダクティブ・ライツのほか、経済資源や基礎サービスへのアクセスに関する権利や、人口登録と人権、労働権、移民の権利（移動の自由）、先

進国、中進国、開発途上国の責任の差異などが議論されている。

> ☞ **『成長の限界』**（1972年）
> 　ローマ・クラブがフォルクスワーゲン社の資金協力を得て、マサチューセッツ工科大学のメドウズのグループに依頼した研究の報告書。世界の人口と経済の成長がこのまま続けば、100年以内に地球上の成長は限界に達するとして人類滅亡の可能性を指摘した。主要国で翻訳が出版されたこの報告書は、世界的なベストセラーとなった。
>
> ☞ **リプロダクティブ・ヘルス／ライツ**
> 　人間の生殖システムおよびその機能と活動過程のすべての側面において、単に疾病、障害がないというだけでなく、身体的、精神的、社会的に完全に良好な状態にあることをさす。
> 　リプロダクティブ・ライツは、カップルと個人が自分たちの子どもの数、出産間隔、出産する時期を自由にかつ責任をもって決定でき、そのための情報と手段を得ることができるとともに、最高水準の性に関する健康およびリプロダクティブ・ヘルスを享受する権利をさす。

## 人口転換と人口構造

　社会の近代化にともなって、人口の自然増加の形態が多産多死型から多産少死型へ、さらに少産少死型へと変化する過程を人口転換（人口革命とも呼ばれる）と呼ぶ。当初はヨーロッパ社会に生起した特異な現象とみなされたが、その後、世界中で同様の現象がみられたために普遍的な現象とみなされるに至った。歴史上の特定の一時期にのみ起こった現象という意味では、理論というより歴史法則というべきかもしれないが、今では人口転換理論として広く認知されている。さらに、人口置換水準以下の出生率が恒常化している現象については、第2の人口転換（第5章参照）と呼ばれている。

　このプロセスを先行して経験したいくつかの西欧先進諸国は、20世紀初めにかけて数十年から1世紀をかけてこれを成し遂げた。それに対して日本は、人口転換の主要な部分を戦後10年の驚くべき短期間で達成した。この急激な転換こそが、その後の日本の社会変動を特徴づけることになった。

☞ **人口置換水準**
　子どもの世代の人口が親の世代の人口と同じ規模になるために必要な合計特殊出生率の水準。先進国では約2.1である。
☞ **人口転換理論**
　18世紀以降の欧米諸国では、経済発展により死亡率が低下し、19世紀後半からは出生率も低下し始め、1930年代には出生率、死亡率ともに低い社会が実現した。このプロセスを説明する理論。
▶第1段階：農業社会（多産多死）
　出生率が高い。農業社会にとって子どもは労働力。避妊の思想・技術がない。死亡率が高い。生活水準が低く、栄養状態も悪く、不衛生で、医療技術も未発達。特に乳児死亡率が高い。気候変動・天災・飢饉・疫病・戦争などで、人口の増減を繰り返す。
▶第2段階：工業化社会（死亡率の低下）
　農業生産力の上昇（食糧の増産）、生活水準の上昇（衛生・栄養状態の改善）、保健・医療の発達により死亡率が低下。しかし、意識は変わらず、出生率は高いまま人口が増加。「過剰人口問題」の成立。マルサスの時代。
▶第3段階：成熟した工業社会（出生率の低下）
　出生率が低下し始める。死亡率の低下により、生まれた子どもが高い確率で生き残るようになり、子育て費用がかさむようになる。子どもは労働力であるよりもコスト。特に高学歴の中産階級から少子化が進む。避妊思想・技術が広く普及（避妊が必要なだけでなく可能にもなる）。女性の社会進出がさらに少子化を促進。
▶第4段階：脱工業化社会（少産少死）
　出生率・死亡率ともに低位安定し、人口増加が止まる。ときに人口減少が起こる。

# 人口ピラミッド

　男女年齢別人口構造の特徴を視覚的に表すために描かれるのが、人口ピラミッドである。縦軸に年齢、横軸に男女別の人口数や人口割合をとったグラフを示すことで、ある国や地域の人口構成を表現している。**図1-2**は、1950年、2000年、2050年（2002年1月推計）の日本の人口ピラミッドであり、それぞれの時点の男女年齢別人口構造が示されている。

　人口ピラミッドの主なパターンには、①富士山型（またはピラミッド型）、②つりがね型（またはベル型）、③つぼ型がある。①富士山型は出生

**図1-2 日本の人口ピラミッド**

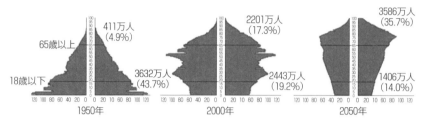

出所：国立社会保障・人口問題研究所ホームページ「人口ピラミッドデータ」から作成

率が高いままで、死亡率も高いか少し下がり始めたという段階で、人口増加率がきわめて高い状態である。②つりがね型は、死亡率の低下による中高年層の増大がみられるとともに、出生率の低下による若年層の減少がみられる段階である。つりがね型よりさらに出生率が進むと人口ピラミッドは③つぼ型になり、それは将来人口の減少を暗示している。

すでに人口減少過程に入っている現在の日本の人口ピラミッドは、つぼ型を描く。日本人の平均寿命は世界最高水準であり（2016年版の「世界保健統計」では83.7歳で首位）、それは人口ピラミッドの高さに反映される。

年齢別人口は、経済活動の見地から3つの層に区分して捉えるのが一般的である。15歳未満人口を年少人口、15歳以上65歳未満人口を生産年齢人口、65歳以上人口を老年人口と呼び、生産活動の中核をなす年齢層としての生産年齢人口に対して、生産年齢人口に含まれない年少人口と老年人口を従属人口、または被扶養人口と呼んでいる。日本の生産年齢人口は1990年代から減少傾向が続いている。

## 労働力人口

この年齢区分は、雇用や社会保障の統計上でも採用されている。例えば、就業・不就業の状況を把握するために毎月実施されている労働力調査の調査対象は、15歳以上人口（生産年齢人口と老齢人口）である。15歳以

図1-3　15歳以上人口の区分

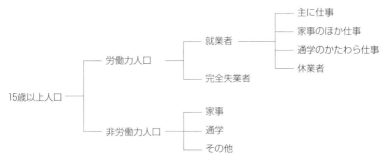

出所：筆者作成

上人口のうち労働の意思と能力をもっている人口を労働力人口と呼び、15歳以上の人について月末の1週間に「仕事をしたかどうかの別」によって、その月の労働力状態が把握されている（**図1-3**）。

　15歳以上の人口のうち、労働力調査期間である毎月末の1週間に、収入を伴う仕事に多少でも従事した労働力人口は、雇用者や自営業主、家族従業者を含む就業者と完全失業者を合わせたものとして把握される。就業者は調査週間中に賃金、給料、諸手当、営業収益、手数料、内職収入などの収入（現物収入を含む）になる仕事を少しでもした人であり、完全失業者は調査週間中に収入になる仕事を少しもしなかった人のうち、仕事に就くことが可能であって、かつ、公共職業安定所（ハローワーク）に申し込むなどして積極的に仕事を探していた人である。一方、非労働力人口は、調査週間中に収入になる仕事を少しもしなかった人のうち、休業者および完全失業者以外の人である。

　雇用情勢を示す指標としてしばしば用いられる完全失業率は、労働力人口に占める完全失業者の割合のことである。

## 失業の形態

　働く意思と能力をもちながらも適当な就業の機会がない状態について、

その発生する要因によって様々な区分が試みられてきた。例えば、労働条件が悪いために労働者が自らの意思で離職する自発的失業と、労働者に働く意思があっても離職を余儀なくされる非自発的失業との区分がある。ほかにも、企業と求職者のもっている情報が不完全なため、そのマッチングに時間を要することによって生じる摩擦的失業、企業が求める人材と求職者のもっている特性が異なることから生じる構造的失業、季節的要因から影響を受ける生産活動に従事している労働者が直面する季節的失業、景気後退期の労働需要の不足により生じる需要不足失業などがある。

また、近年は、就業していても生活を維持できる所得を得られていない状態や、就業を希望しているものの簡単にはみつからないと判断して就労をあきらめる状態をさす潜在的失業をめぐる議論が活性化している。

## 人口の質

人口問題といえば、多い、少ないという〈量〉の問題と、そこから派生する食料や雇用、経済成長といった問題を思い浮かべるのが一般的だろう。一方で、人口を形づくる個々の人間はある１つの社会のなかで、その一員として生活している。社会の存続と発展は、社会を形づくっている人々の活動によって支えられているのである。この観点は、人口を構成する人々の性質や属性によって人々を分類するという人口の〈質〉という視点をもたらした。先述の男女や年齢の人口構造のほか、国籍、職業といった様々な性質や属性によって構造を捉えることができ、人口の異質性に基づいて人口の〈質〉の問題が論じられる。

歴史的にみれば、人口減少に関する自然科学的な議論と社会科学的な議論が密接に結びついていた時期があり、人口の〈質〉を命の〈質〉に引きつけて論じられることもあった。20世紀初めの時代思潮となった優生学の興隆は人口資質への関心を促し、遺伝的側面から人口の〈質〉が論じられるようになったのである。ある地域を構成する命の〈質〉に引きつけて人

口の〈質〉を論じる傾向は、人種差別や障害者差別、さらには断種政策を生んだ。この狭義の〈質〉への関心をきっかけに、出生から死亡に至るまでの個人の人生の〈質〉や生活の〈質〉にかかわる知力・体力・栄養といった医学的側面や教育・福祉といった社会的側面へと、人口資質への関心が広がりをもつことになったのである。

　命の〈質〉に引きつけて人口の〈質〉を論じる傾向に見直しを求めたのは、他でもない人権思想の発達である。人口を構成する人々の属性を超えて、誰にでも認められる権利としての生きる権利が社会的に認識される。この認識の一般化によって、出生が望ましい人間とそうではない人間とを区別することで個人の生殖をめぐる選択に介入する優生学とそれに基づく政策の否定へと到達した。人口政策の目的は社会を構成する人々の生存と福祉のためであるという認識に基づいて、人口現象を左右するために講じられる人口政策が社会政策、経済政策との関連で理解されるようになったのである。

## 命の選別

　優生学は、誰が産み、誰が産まないか（誰が生まれるべきで、誰が生まれるべきでないか）をコントロールすれば人口の〈質〉が高まるという考え方を肯定する。その傾向は過去の日本にも認められ、国民優生法（1940年）から優生保護法（1948年）へと受け継がれた、強制断種を規定する法律が存在していた（第3章参照）。1996年の法改正で「優生」が「母体」に置き変わって母体保護法となり、優生思想に基づく条文はすべて削除された。

　これをもって優生問題が姿を消したかといえば、そうではない。医療技術の進歩は、出生前診断による命の選別を可能とした。現時点では、出生前診断を受けるかどうかは妊婦本人が熟慮のうえで判断・選択するものという方針で制度が運用されているが、ときとして命の選別に使われるこの

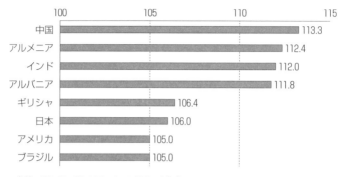

図1-4　女性出生100人に対する男性出生数（2010年）

出所：CIA, The World Facebook 2010から作成

制度には優生の問題がつきまとう。あるいは、国際社会に目を向ければ、出産後に望まない子を殺す間引きが未だに行われている地域もある。口べらしやいずれかの性を嫌う理由から子殺しをするといった習俗は、出生性比の不均衡などとして人口統計に現れてくる（図1-4）。

> ☞ **出生前診断**
> 　広い意味では、妊娠中に実施される胎児の発育や異常の有無などを調べるすべての検査を意味するが、一般には、胎児の先天的な異常、特に染色体異常や遺伝性疾患の有無を調べる遺伝学的検査を出生前診断と呼ぶ。診断に基づく選択的中絶を可能とする出生前診断は、優生思想のもとにあることを否定できない。

◀ コラム❶ 国際人口開発会議 ▶

　国際連合人口開発委員会は、1946年に人口委員会として始まり、1994年の総会で現在の名前に改められた。その名称変更の年である1994年9月にエジプトのカイロで開催された国際人口開発会議は、人権に対する関心の高まりを反映して、人口問題の捉え方におけるパラダイム転換のきっかけを生んだ。この会議で、リプロダクティブ・ヘルス／ライツの保障や女性のエンパワーメントの推進に重点をおいた画時代的な行動計画が採択されたのである。

　この会議以降の人口開発委員会で設定された議題は、以下のとおりである。

第28回（1995年）　世界人口の動向と政策のモニタリング
第29回（1996年）　リプロダクティブ・ライツとリプロダクティブ・ヘルス
第30回（1997年）　国際人口移動と開発
第31回（1998年）　健康と死亡
第32回（1999年）　人口増加・構造・分布
第33回（2000年）　人口・ジェンダー・開発
第34回（2001年）　人口・環境・開発
第35回（2002年）　リプロダクティブ・ライツとリプロダクティブ・ヘルス
第36回（2003年）　人口・教育・開発
第37回（2004年）　カイロ行動計画のフォローアップ
第38回（2005年）　貧困に焦点をあてた人口、開発とHIV／エイズ
第39回（2006年）　国際人口移動と開発
第40回（2007年）　人口の年齢構造の変化とその開発への影響
第41回（2008年）　人口分布、都市化、国内人口移動と開発
第42回（2009年）　ミレニアム開発目標を含む国際的に合意された目標に対する国際人口開発会議行動計画の貢献
第43回（2010年）　健康、疾病・傷害、死亡および開発
第44回（2011年）　出生力、リプロダクティブ・ヘルスおよび開発
第45回（2012年）　思春期と青年期
第46回（2013年）　人口移動の新動向
第47回（2014年）　国際人口開発会議行動計画の実施状況評価
第48回（2015年）　人口課題を持続可能な開発に統合し、ポスト2015年開発アジェンダに取り入れる
第49回（2016年）　ポスト2015年開発アジェンダのために人口のエビデンス・ベースを強化する
第50回（2017年）　年齢構造の変化と持続可能な開発

# 第2章 人口論の形成と展開

## 経済学のなかの人口論

　18世紀から19世紀にかけて、工場制機械工業の開始により産業革命が起こった。それは、当時世界の工場と呼ばれたイギリスにはじまってヨーロッパ、アメリカ、日本にも伝わった。

　経済現象を分析し政策提言をする学問である経済学は、イギリスにおける産業革命の勃興期を前提として成立した。経済学の父と呼ばれるアダム・スミスにはじまってトマス・ロバート・マルサス、デヴィッド・リカードへと発展した古典派経済学の時代には、社会的生産物が社会のどの階級によってどれだけ獲得されるかという分配問題が経済学の問題関心の中心であった。古典派経済学の時代はマルサスを祖とする人口論の発展期であった。人口論の歴史は、過剰人口への危機感を広めたマルサスにはじまった。

　その後、経済学の主流は労働価値説（価値の源泉を労働に求める説）に立つ古典派から効用価値説（価値の源泉を主観的な満足度に求める説）に立つ新古典派へとシフトし、分配問題を積極的に扱わない方向へとむかった。

> ☞ **トマス・ロバート・マルサス**（主著：『人口論』1798年）
> 　『人口論』の初版では、①人口は幾何級数的に増加するが、食料は算術級数的にしか増加しない、②生活水準の低下に伴う貧困は必然であり、人口は常に過剰になる、③人口と食料の不均衡を取り除くのは、天災、疫病、戦争である（積極的抑制）、と説いた。1803年に刊行された第2版では、家族を養えるようになるまで婚期を延期することによる

道徳的抑制を説いた。『人口論』は第6版（1826年）まで出版された。
☞ **デヴィッド・リカード**（主著：『経済学および課税の原理』1817年）
　①人口が増加して劣等地を耕すと土地の余剰生産が衰えるため、やがては資本蓄積が停止する、②その結果として労働需要が停止すると労働供給が労働需要を上回るようになり、賃金が生活費と一致する、と説き、この資本と人口増加が極限に達した状態（社会が到達する究極の状態）を静止状態と呼んだ。
☞ **ジョン・スチュアート・ミル**（主著：『経済学原理』1848年）
　①労働者に分配される賃金総額（基金）は常に一定であり、出生制限と労働者の生活は天秤にかかる、②生活向上のためには、出生制限が必要である、③技術進歩と資本の増加は人口増加の受け入れを可能にするが、それを望ましいと考える理由はほとんどない、と説いた。一方で、人間の生き方や精神生活にも強い関心をもち、資本や人口が定常状態にあることが人間の進歩向上をも停止状態におくことを意味しないと説いた。

## 古典派から新古典派へ

　限界革命と呼ばれる限界効用理論の登場は、理論の発展という観点からみた経済学史における大きな転換点であった。新古典派の時代に入って短期的な経済現象の解明に経済学の関心がシフトするなか、人口理論は経済学から切り離されていった。産業革命を契機として経済メカニズムが複雑化するなかで、人口は経済分析においては所与の前提として扱うものとされるようになったのである。

　しかしながら、それをもって、マルサスによってクローズアップされた貧困問題の追究、その解消への関心が途絶えたわけではない。例えば、近代経済学のための理論的基礎を築いたアルフレッド・マーシャルは、理論構築に力を注ぐ一方で労働者階級の生活水準をいかにしたら向上させることができるかという問いを追究し続けた。マーシャルは『経済学原理』（1890年）で「経済学は一面においては富の研究であるが、他面において、日常生活を営んでいる人間に関する研究である」と述べたことはよく知られている。労働者階級を貧困から救うためには、労働者の安楽基準

（人間の欲望の要求水準の高さ）と生活水準（知性・活力および自主性の向上）を高めることや教育による潜在能力の顕在化が必要であると力説した。

　そのマーシャルは、最後の古典派といわれるジョン・スチュアート・ミルが社会哲学の導入によって経済学の社会改良的側面に光をあて、それを人間の性質と能率は不変であるかのように論じたリカードとその追随者とを区別した。貧困は生活環境の所産であるというミルからマーシャルへと継承された考え方は、人々の生活の質や労働力の質の向上を志向する動きをもたらした。これは、19世紀後半から20世紀初めに台頭し、社会政策学会の創設へと至ったドイツ歴史学派の動向と対応する。

　また、ミルが『経済学原理』を発刊した1848年は、カール・マルクスとフリードリヒ・エンゲルスが「共産党宣言」を公にした年でもある。マルクスは、マルサスの絶対的過剰人口（人口を扶養するに足る食糧供給量以上に増加した人口）に対して相対的過剰人口（可変資本の相対的減少によって発生する過剰人口）を主張した。

☞ **限界革命**
　1870年代にイギリスのウィリアム・スタンレー・ジェボンズ、オーストリアのカール・メンガー、フランスのマリ・エスプリ・レオン・ワルラスらの研究成果が相次いで刊行され、経済学の価値論、生産理論、分配理論などに変革が生じた。以降、効用極大、利潤極大の条件を数学的に明示する限界分析が経済理論の中心におかれることになった。

☞ **アルフレッド・マーシャル**（主著：『経済学原理』1890年）
　古典派の人口論者と異なり人口増加の抑制にそれほど意識をむけず、急激な人口増加は問題視するものの、緩やかな増加は産業の効率化による生活水準の上昇につながると説いた。一方で、人間の教育こそ最も重要な投資であり、将来の成長の源泉であることを強調した。

☞ **ドイツ歴史学派**
　イギリスの古典派経済学に対抗して、各国経済の歴史性や国民的特殊性を重視するドイツの経済学をいう。フリードリヒ・リストの著書『政治経済学の国民的体系』を先駆けとして発展した。

☞ **カール・マルクス**（主著：『資本論』全3巻；1867-1894）
　①企業が利潤獲得のために機械化を進めると労働者は失業する、②失業者はなんとかして労働力の売り先を見いだそうとしている、③失業者はいつでも安い賃金での雇用に応じる労働力のプールになっていると説き、マルクスはこのような失業者たちを、産業予備軍（相対的過剰人口）と呼んで、資本主義がたどる運命のなかに人口問題を捉えた。

## 新マルサス主義

　ミルが『経済学要綱』（1821年）において産児制限による賃金の引き上げを説いたように、19世紀にかけてマルサスの人口原理は多くの支持を得た。ミルは人口抑制が貧困問題を解決する唯一の方法であることは認めたが、マルサスがその方法として説いた結婚の延期による道徳的抑制は非現実的であるとして、結婚生活における産児調節を主張した。マルサスが宗教的信条から産児調節に否定的な態度をとったのに対して、避妊などの直接的方法による産児調節を認める立場は新マルサス主義と呼ばれた。

　新マルサス主義は社会の改善につながる社会運動として広く展開され、それが盛り上がった19世紀末の先進諸国は出生率の低下を経験することになった。

　一方で、20世紀前半には女性の権利や母性保護の視点に立つ産児制限運動が盛り上がりをみた。アメリカのマーガレット・ヒンギズ・サンガーやイギリスのマリー・カーマイケル・ストープスが知られている。

☞ **マーガレット・ヒギンズ・サンガー**
　アメリカの産児調節連盟の創設者。第二次世界大戦後の国際家族計画連盟の創設にも中心的な役割を果たし、初代会長になった。

☞ **マリー・カーマイケル・ストープス**
　結婚および性生活の啓蒙書『結婚愛』、『賢明な親』を執筆し、イギリス初の産児制限診療所をロンドンに設立した。その後、全国規模の団体を組織するにまで至った。

## 過剰人口論から減少人口論へ

　人口は今後も増加していくと考えることが一般的であった時代に、いちはやく人口減少の可能性を説いたのがエドウィン・キャナンである。その著『富』（1914年）では、労働力の増加は収穫逓増（投入1単位当たりの収穫の増加）を伴って1人当たり所得を増加させるが、最大収穫点を過ぎると収穫逓減と1人当たり所得の低下を招くと説いた。効率的な生産にとって最適な人口規模が存在するという考えを提起したキャナンは、産業の最大生産性をもたらす人口を求めようとする適度人口理論の創立者として知られている。この過剰人口と過少人口の判定基準を与えようとする試みは、人口論の転換を引き寄せた。将来の過少人口を見通していたキャナンの予言どおり、20世紀の先進諸国の関心は過剰人口から人口減退へと移行することになる。

　経済学においてその転換を導いたのはジョン・メイナード・ケインズである。ケインズは当初、ヨーロッパの繁栄の時代が終わると人口過剰の状態が再び到来すると説いていたが、1937年の「人口減少の経済的帰結」で、「イギリスは近い将来定常人口ないしは減少人口に直面するに違いない」と明言するに至った。人口が減ると有効需要が減って雇用水準が下がり、失業をもたらすというケインズの見方は、アルヴィン・ハーヴィ・ハンセンらの長期停滞論に発展した。ハンセンは長期停滞の契機のひとつに人口増加率の減少を挙げて、経済発展に対する人口増加のインパクトを重視した。

　こうして主流となった人口増加率の減少を長期停滞の主要因とみる見解は、戦後へと引き継がれることになる。完全雇用を達成するための長期要因として人口が重きをなすようになり、人口も含めた経済全体の恒常的な均衡成長理論を確立したロイ・ハロッドが完全雇用を維持するための経済成長論の開拓者となった。

☞ **エドウィン・キャナン**（主著：『初等政治経済学』1888年）
　最大生産性という言葉を用いて、「ある時点で、そのときに可能な産業の最大生産性が達成されるように、与えられた広さの土地に働かせ得る労働量は一定である」とした。

☞ **ジョン・メイナード・ケインズ**（主著：『雇用・利子および貨幣の一般理論』1936年）
　不況から経済が回復し、完全雇用に達するためには政府が公共事業あるいは減税などを通じて有効需要を発生させることが重要であると説いた。人口減少は有効需要の減少を通じて失業を増大させることから、経済発展の長期的課題として人口増加の意義を強調した。

☞ **アルヴィン・ハーヴィ・ハンセン**（主著：『財政政策と景気循環』1941年）
　経済進歩をもたらす要因として「発明」、「新領土と新資源の発見と開発」、「人口の増加」を挙げ、後２者が不可能となった資本主義国家では経済が長期停滞してしまうと説いた。

☞ **ロイ・ハロッド**（主著：『動態経済学序説』1948年）
　技術進歩と人口増加が経済成長の原動力となっており、完全雇用と維持するための経済成長と企業が資本ストックを完全利用して得られる経済成長とが等しくなるときに均衡が得られ、このときに人口の適正成長率を保つことになるとした。

## 出生減退の理論

　出生率の低下を最も早く経験したフランスでは、早くから出産減退論が展開された。19世紀半ばにはル・プレイがフランスの出生率の低下とその原因について説いており、最も初期の出生減退論として知られている。同じくフランスのアルセーヌ・デュモンは『人口減少と文明』（1890年）などで人口減少について論じ、出生率の低下の原因を人々の上昇意欲（自分の地位を高めたいという欲求が子どもをもちたいという欲求に勝ること）に求めた。

　20世紀初めには、ドイツのパウル・モンベルトが生活水準の向上と文化水準の向上が出生率に影響すると説いた福祉説を提起した。同じく心理学的原因説を説いたドイツのルヨ・ブレンターノも、生活水準の改善と出生数との間に因果関係があることを指摘している。以降、出生減退を説明す

る理論は主に社会学の分野で発展した(少子化の理論については、改めて第5章で論じる)。

- **ル・プレイ**(主著:『ヨーロッパの労働者』1855年)
  出生率の低下について、その原因を遺産分割に関する革命後のフランス民法に求めた。
- **アルセーヌ・デュモン**(主著:『人口減退と文明』1890年)
  出生率低下の原因を人々の上昇意欲に求めた。競争に勝ち抜いて社会的経済的により高い地位を獲得するにおいて子女の養育は負担となるので、子どもの数が制限されるとみる社会的毛細管現象説を提起した。

## 優生と優境

マルサスの人口論を起源とする新マルサス主義運動によって普及したのが産児制限の思想である。ヨーロッパやアメリカから普及し始めた産児制限のための受胎調節の実行は、階級間で差がみられた。実行率が高かったのは中層階級以上で、その結果として中・上層階級の出生率は低下したが、下層階級の出生率は高いままという状況がみられた。その実態ともかかわって資本家(持てる階級)と労働者(持たざる階級)という階級構造の成立とその格差の広がりを背景に、19世紀半ばに生起したのが社会の進歩への関心である。

フランスのオーギュスト・コントは『実証哲学講義』(1830〜1842)で人間の知識が神学的、形而上学的、実証的段階と3段階を経て進歩すると主張した。ミルやマーシャルはコントの影響、さらにはチャールズ・ダーウィンの生物進化論やハーバート・スペンサーの社会進化論の影響を受けて社会の進歩を志向した。19世紀の終わりから20世紀の初めにかけては、遺伝と環境の改善によってもたらされる、よりよい〈生〉によって成り立つよりよい〈社会〉を希求する時代だったのである。

19世紀半ばから20世紀初めにかけての社会の進歩に関する学説の発展を、主要な論者を取り上げて説明しよう。マルサスの影響を受けて生物進

図 2-1　優生 - 優境主義

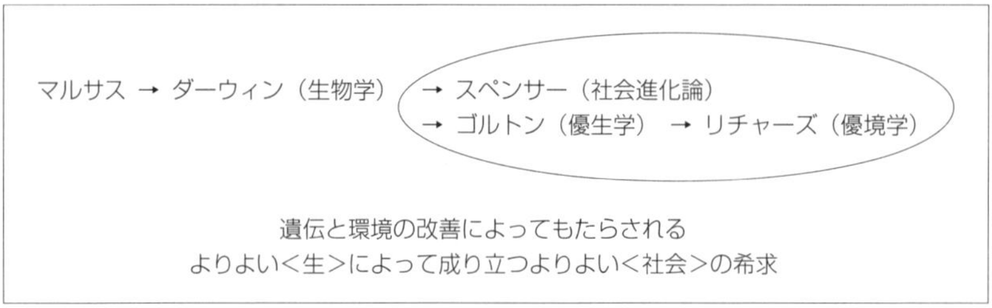

```
マルサス → ダーウィン（生物学） → スペンサー（社会進化論）
                              → ゴルトン（優生学） → リチャーズ（優境学）

            遺伝と環境の改善によってもたらされる
       よりよい＜生＞によって成り立つよりよい＜社会＞の希求
```

出所：筆者作成

化論を提唱したダーウィン、「人間社会も進化する」という考えから社会進化論を提唱したスペンサー、遺伝の改善による社会の改良を説く優生学を提唱したフランシス・ゴルトン、環境の改善による社会の改良を説く優境学を提唱したエレン・ヘンリエッタ・スワロウ・リチャーズへと展開した。これらの〈知〉を背景に盛り上がった遺伝と環境の改善を求める動きは、その後、世界的に広がっていった。

☞ **チャールズ・ダーウィン**（主著：『種の起源』1859年）
「環境に合うものが生き残る」とする生物の進化に関する理論を提起した。
☞ **ハーバード・スペンサー**（主著：『総合哲学体系』1860年）
生物進化論を社会的諸関係に適用して、「人間社会も次第に高次なものへと進化する」とする社会の進歩に関する理論を提起した。
☞ **フランシス・ゴルトン**（主著：『遺伝的天才』1869年）
「生物の遺伝構造を改良することで人類の進歩を促そうとする」理論を提起した。
☞ **エレン・リチャーズ**（主著：『優境学』1910年）
「遺伝の改善を説いた優生学に対抗して、環境改善の重要性を説く」理論を提起した。

## 政策課題としての人口資質の向上

　優生学に象徴される社会の進歩を志向する思想的潮流は、結婚、出産といった家族（個人）の自由とプライバシーにかかわる領域への国家介入を正当化する論理を提供し、人口の再生産における国家と家族の関係づけをめぐる思想的転換を促した。人口資質の問題を社会問題とみなす傾向は、社会の進歩の達成をめぐって国家と家族の間に相互的な義務が存在するという認識を促した。

　社会の進歩をめざす社会運動は、強制断種の適用を定めた優生政策と親権の制限を伴う児童の保護や産む性である女性（母性）の保護にかかわる社会政策の形成を求めた。社会の進歩を志向する潮流が、戦前期の各国における〈女性政策＋児童政策＋優生政策〉の形成を促したのである。これが家族政策の原型であり、日本では〈母子保護法（1937年）＋児童虐待防止法（1933年）・少年教護法（1933年）＋国民優生法（1940年）・国民体力法（1940年）〉がそれにあたる。

## 日本における人口論の受容

　日本では明治初期からマルサスの『人口論』の内容が紹介されていたが、全訳の出版は1920年代に至ってからである。初版の谷口吉彦訳が1923年に、第6版の伊藤秀一・寺尾琢磨訳が1929〜30年に刊行された。それより遡る1916年に、京都帝国大学で「まるさす生誕百五十年記念会」が開催され、当時の主要な人口論者が講演を行った（その内容は、『経済論叢』〔まるさす生誕百五十年記念号〕として刊行された）。1934年には慶應義塾大学図書館で「マルサス没後百年記念展」が開催され、小樽高等商業学校は『商学討究』を「百年忌記念マルサス研究」として刊行している。

　マルサス研究の第一人者となる南亮三郎、マルクス主義の立場からマル

サス批判を行った吉田秀夫をはじめとしてマルサスの人口原理について積極的に議論したのが経済学者であったのに対して、社会進化論、優生学、優境学といった社会の進歩にかかわる思想を導入したのは、建部遯吾や米田庄太郎らをはじめとする初期の社会学者や、森本厚吉をはじめとする消費経済学の先駆者、海野幸徳や三田谷啓、暉峻義等といった社会事業にかかわった人物、あるいは池田林儀といったジャーナリストであった。

☞ **建部遯吾**（たけべ　とんご．1871～1945）
狭義の優生学は優境学を含まず、広義の優生学は優境学を含むとし、後者の後天的方面も取り扱うことで優生学の実用的目的が達せられるとした。(高峰博『個性学』(良書普及会、1921年)には、Euthenicsに優境学の訳語を与えたのが建部遯吾であると記されている。)

☞ **米田庄太郎**（よねだ　しょうたろう．1873～1945）
社会の進歩には社会の衛生的改善にかかわる社会衛生学と優生学の進歩によって国民の劣悪分子の根絶を図る方法、優良分子の保存およびその増殖を図る方法の発見が重要であるとした。

☞ **森本厚吉**（もりもと　こうきち．1877～1950）
生存と生活は異なるとし、衣食住に関する欲望を満たすのがやっとの生活水準である「生存」ではなく、社会の一員として相当ないしはそれ以上の生活水準である「生活」の標準化を説いた。

☞ **海野幸徳**（うんの　ゆきのり．1879～1954）
優生学は優生と優境を同時に包含するものであると主張し、社会事業を「外囲を対象とする境遇による社会事業」と「素質を対象とする遺伝による社会事業」に区別した。

☞ **三田谷啓**（さんだや　ひらく．1881～1962）
個々人が衛生学の知識に基づいて生活の向上をはかる「個人衛生」に対して、兵士、学童、女工などの国民諸階級の情勢を衛生学的に取り扱うことで社会の活力を増進する「社会衛生」があるとした。

☞ **暉峻義等**（てるおか　ぎとう．1889～1966）
自己の健康を増進することは個人の幸福のみを目的とするのではなく、同時に自己の属する家族、社会、国民、民族の向上発展につながると説いた。

☞ **池田林儀**（いけだ　しげのり．1892～1966）
優生学には狭義の優生学と広義の優生学に対応する社会医学があるとし、社会を「素質のよい者」で構成すべきだと主張した。

## 人口論争の生起

　一方、人口と食料の不均衡が社会的な関心を集めたきっかけは、米価の高騰による米騒動（1918年）であり、第1回国勢調査（1920年）の実施により人口の把握が得られるようにもなった。1920年代には、増加を続ける人口をどのように支えるかをめぐって専門家や政治家、ジャーナリスト、社会運動家が次々に論を展開した。学界でも「マルサスかマルクスか」の学説論争が過熱したが、その口火を切ったのは『経済往来』（1926年7月号）に高田保馬が発表した「産めよ殖えよ」という論考である。

　高田は、やがて来る出生率の低下こそが真の人口問題であると主張した。それに対して河上肇が反論し、その後多くの論者が加わった。矢内原忠雄が1926年の1年間で100万人の人口増加がみられたことを『中央公論』（1927年7月号）で指摘するなど、全体としては人口増加によって生じる問題を憂慮する認識を前提に議論が交わされ、正しいのはマルサスかマルクスかをめぐって論争が発展した。例えば、マルクスの立場に立って人口増加を支えるには経済体制そのものの変革が必要であると説いた河上に対して、農政学の那須皓がマルクスはマルサス理論の補充に過ぎないとしてマルサスの重要性を指摘した。

☞ **高田保馬**（たかた　やすま．1883〜1972）
　ヨーロッパの経験をもとに、真の人口問題は日本もやがて直面する出生率の低下および人口減少であると説いた。

☞ **河上肇**（かわかみ　はじめ．1879〜1946）
　当初はマルサスを高く評価していたが、マルクス主義の立場から過剰人口問題の解消には経済体制の変革が必要であると説いた。

☞ **矢内原忠雄**（やないはら　ただお．1893〜1961）
　食糧問題を論じたマルサスと労働問題を論じたマルクスは対立するものではないという立場をとり、日本の人口過剰対策として産業の振興と移民の推進を説いた。

☞ **那須皓**（なす　しろし．1888〜1984）
　頻発する小作争議や農村の貧困問題の解決などの研究を行い、農

業・農村問題の専門家として活躍した。戦後は、農業分野における国際交流に貢献した。

## 産児調節運動

　同じ頃、産児調節（制限）運動も展開された。戦前の主要な産児調節論者として、安部磯雄や山本宣治、賀川豊彦、さらにはニューヨークでマーガレット・サンガーと出会って1922年に日本に招いた加藤シズエもいる。一方で、医師による避妊具の開発も進められた。馬島僴は馬島ペッサリー、太田典礼は太田リングを考案している。

　これらの動向は社会に一定の影響を与え、都市部の中・上流階級を中心に産児調節をする個人や夫婦がみられるようになった。ただし、産児調節論は産児制限を人口調節の手段と捉えるのか、生活改善の手段と考えるのかといった点で論者の間に違いがみられ、そのことからしばしば対立が生じた。また、高出生率を歓迎していた政府は産児調節思想や技術の普及を好まず、当時の産児調節運動や避妊具の販売は取り締まりの対象とされていた。

☞　**安部磯雄**（あべ　いそお．1865～1949）
　労働問題や貧困問題といった社会問題の根源は人口問題であるとする立場から、産児制限の必要を説いた。
☞　**山本宣治**（やまもと　せんじ．1889～1929）
　1925年に『産児調節評論』を創刊するなど、産児調節運動を熱心に展開した。生活改善の手段として産児制限の必要を説いた。
☞　**賀川豊彦**（かがわ　とよひこ．1888～1960）
　優生学的な選択を行う必要があるという観点から、「劣等な人」は産児制限をする必要があると説いた。
☞　**加藤シズエ**（かとう　しずえ．1897～2001）
　アメリカ滞在中にマーガレット・サンガーと出会い、産児調節の普及を志す。1922年にはサンガーを日本に招待するなど、日本で産児調節運動を展開した。
☞　**馬島僴**（まじま　ゆたか．1893～1969）
　留学中に学んだ避妊法を紹介し、オランダのペッサリーを改良して

馬島ペッサリーを開発した。
- **太田典礼**（おおた　てんれい．1900〜1985）
  マーガレット・サンガーの思想を知ったのを機に産児調節運動に参加し、太田リングの考案へと至った。

◀コラム❷ エレン・リチャーズ▶

　エレン・ヘンリエッタ・スワロウ・リチャーズ（1842〜1911）は、人間の遺伝的改良を通じて社会のありようを変えようとする優生学の潮流に対抗し、環境改善こそが重要であると説いた優境学の先駆者である。晩年に刊行した主著 *Euthenics, the Science of Controllable Environment: A Plea for Better Living Conditions as a First Step toward Higher Human Efficiency*（1910年）は、優境学の体系化を試みたものである。

　リチャーズの人生の転機は、1871年にマサチューセッツ工科大学（MIT）への入学が認められたことである。彼女は同大学が入学を許可した最初の女子学生となった。女子学生の入学には反対意見もあった。入学後のリチャーズは、女性差別をはじめとする多くの困難に直面しながらも環境や衛生に関する調査研究に熱心に取り組んだ。1886年にはMITに創設された衛生化学研究所の一員となり、研究活動を本格化させている。

　リチャーズが扱ったテーマは、水質や鉱物といった自然環境にかかわるものから衣・食・住といった生活の管理にかかわるものまで、広範囲に及んでいる。MIT在学中に水質汚染調査に従事した経験から環境や衛生の問題に関心をもち、人と自然の共生をめざす科学としてエコロジーを提唱するに至った。さらに、エコロジーの考え方に基づいて、生活環境改善のための経済学としての家政学を創設するという方向へと関心を広げていったのである。

　家庭生活にかかわる様々な知識や技術を科学的に研究することを重視した晩年のリチャーズは、図書分類のためのデューイ十進分類法の考案者として知られるメルヴィル・デューイの協力を得て、ホーム・エコノミクスに関する会議を立ち上げた。家族や家庭の問題を重視していたデューイからプラシッド湖畔のクラブ室が提供され、1899年から1908年までレイク・プラシッド会議の名で家政学に関する年次会議を開催したのである。この会議の出席者は招待者に限られ、家政学の学問的性質や調理、裁縫といった家庭科教育の目的やあり方などについて議論を交わした。半ば私的であったこの会議を発展的に解消して1909年に創設されたのがアメリカ・ホーム・エコノミクス学会であり、リチャーズはその初代会長に就任した。

　男性中心の科学界のなかで女性が中心的に活躍できる領域を切り開いた意義とも相まって、アメリカ家政学の母としてのリチャーズの存在感はとりわけ大きい。

# 第3章　戦前日本の行政における人口認識

## 人口認識の形成と展開

　日本では1918年の米騒動以来、人口問題への関心が高まった。1927年、政府は内閣に人口食糧問題調査会を設置した（**表3-1参照**）。それを原点として、人口問題とその政策に関する思想が形成、展開されてきた。西欧先進諸国で発展した人口学説を積極的に取り入れつつ、日本独自の人口認識が形づくられたのである。

> ☞ **米騒動**
> 1918年に米価の値上がりが原因で、全国的に広がった民衆の暴動。1918年7月に富山県魚津の漁村の主婦たちが米屋に押しかけて安売りを要求したのがきっかけだった。

## 前史としての人口－衛生行政

　第一次世界大戦（1914〜1918）の最中である1916年には、内務省衛生局に保健衛生調査会（1939年の国民体力審議会設置に伴い廃止）が設置される。その委員を務めた永井潜や富士川游に代表される医学系の優生－優境論者の主張は、1919年公布の「結核予防法」、「精神病院法」、「トラホーム予防法」などの死亡率の改善を主眼とする衛生政策に結実した。1916年の日本で初めての職工家計調査を実施した高野岩三郎も保健衛生調査会の委員であった。

☞ **衛生局**
　現在の厚生労働省の前身。文部省医務課を経て1873年に文部省医務局となり、1875年には内務省に移管されて衛生局と改称された。
☞ **永井潜**（ながい　ひそむ．1876〜1957）
　早くから優生学の普及に努め、優生政策の導入を働きかけた。戦前の優生思想の普及に果たした永井の役割は大きい。
☞ **富士川游**（ふじかわ　ゆう．1865〜1940）
　1905年に主宰誌『人性』を創刊し、児童や女性、優生問題、性教育などに関する論考を数多く掲載した。
☞ **結　核**
　マイコバクテリウム属の細菌、主に結核菌によって引き起こされる感染症。世界的にみれば、結核はHIVの次に死者の多い感染症である。戦前の日本人の主な死因は結核などの感染症で、1954年に脳血管疾患が結核に代わって第1位となった。
☞ **トラホーム**
　クラミジアという微生物から発症する目の病気。結膜が充血・肥厚し、場合によっては失明することもある。現在ではほとんど見られない病気だが、戦前は罹患率が高かった。
☞ **国勢調査**
　日本に住んでいるすべての人および世帯を対象とする国の最も重要な統計調査で、国内の人口や世帯の実態を明らかにするため、5年ごとに行われる。1920年に第1回が実施された。
☞ **高野岩三郎**（たかの　いわさぶろう．1871〜1949）
　早くから人口問題に注目し、社会政策の重要性を説いた。一方で日本における社会統計学の先駆者として「東京ニ於ケル二十職工家計調査」（1916）、「月島労働者家計調査」（1917）、「東京及び附近小学校教員家計調査」（1917）などの業績があり、第1回国勢調査（1920）の実施にも貢献した。

## 人口 - 社会行政の形成

　このように1910年代から人口問題が行政課題として取り上げられるようになったが、ジャーナリズムでも積極的に取り上げられるようになったのは1920年代である。1926年の1年間で100万人の人口増加がみられたことが報じられた1927年、政府は人口を主題とする最初の政府機関である人口食糧問題調査会を設置（1927〜1930年）した。同調査会の委員の間で恒久

表 3-1　人口 - 社会（厚生）行政の展開

|  | 政府の動き | 人口問題研究所の動き | 人口問題研究会の動き |
|---|---|---|---|
| 1927〜1930 | 人口食糧問題調査会（内閣） | | |
| 1933 | | | 人口問題研究会（設立） |
| 1939 | | 厚生省人口問題研究所（開所） | |
| 1942 | | 厚生省研究所（産業安全研究所、公衆衛生院との統合） | |
| 1946 | 人口問題懇談会（厚生省） | 再び、独立 | 人口政策委員会設置 |
| 1949〜1950 | 人口問題審議会（内閣） | | |
| 1953 | 人口問題審議会（厚生省） | | 人口対策委員会設置 |
| 1954 | | | 新生活指導委員会設置 |
| 1976 | | | 人口問題シンポジア設置 |
| 1996 | | 国立社会保障・人口問題研究所（特殊法人社会保障研究所との統合） | |
| 2000 | 人口問題審議会の廃止 | | |
|  | | | 人口問題研究会の自然消滅 |

出所：人口問題研究会『人口情報　昭和57年度　人口問題研究会50年略史』1983年、人口問題研究所編『人口問題研究所創立五十周年記念誌』1989年から作成

的調査研究機関の創設が望まれたことから、内務省社会局に財団法人人口問題研究会が設立（1933年；以下、人口問題研究会）された。その後、同会が政府に国立研究所の創設を建議した結果として厚生省人口問題研究所の創設（1939年；以下、人口問題研究所）へと至った（**表 3-1**）。

> ☞ **社会局**
> 現在の厚生労働省の前身。1920年に内務省の内局として設置された。

## 社会進歩をめざす人口政策

この動向を思想的にリードしたのは、人口食糧問題調査会・人口部から出された6つの答申（「内地移住方策」「労働の需給調節に関する方策」

「内地以外諸地方に於ける人口対策」「人口統制に関する諸方策」「生産力増進に関する答申」「分配及び消費に関する方策」）のすべての原案作成にかかわった永井亨、人口食糧問題調査会・人口部の委員で大正デモクラシーの牽引者に数えられる福田徳三（1923年から内務省社会局参与）、そして新渡戸稲造である。永井は、福田の生存権論や新渡戸の「質を忘れて量のみを論じる人口論はもはや今日用をなさぬ」とする人口論の影響を受けながら、社会の進歩を志向する社会政策的人口政策を構想した。

　福田は1930年に、新渡戸は1933年にこの世を去っているが、福田や新渡戸の影響を受けた人物や人口論争の当事者を中心に人口－社会行政の思想的基盤が形成された。人口問題研究会の設立には、1932年に日本経済研究会を組織して人口問題の統計的研究に着手していた上田貞次郎も指導的役割を果たすようになり、人口問題研究会の役職者を中心に日本の人口－社会行政の思想的基盤が形成された。人口問題研究会の設立当初（1933年）の役職者名簿は以下のとおりである。

【会長（理事）】
柳沢保恵（貴族院議員、伯爵）
【理事（常務）】
赤木朝治（内務次官）　　　　　　半井　清（社会局長官）
井上雅二（海外興業株式会社社長）
【理　事】
永井　亨（経済学博士）　　　　　下村　宏（東京大阪朝日新聞副社長、法学博士）
那須　皓（東京帝国大学教授、農学博士）　山川端夫（貴族院議員、法学博士）
吉田　茂（内閣調査局長官）　　　堀切善次郎（貴族院議員）
長谷川赳夫（内閣統計局長）　　　河田　烈（貴族院議員）
狭間　茂（社会局社会部長）　　　上田貞次郎（東京商科大学教授、法学博士）
吉阪　俊蔵（国際労働機関帝国事務所所長）
【監　事】
関屋貞三郎（貴族院議員）　　　　矢野恒太（第一生命保険相互会社社長）
【評議員】
池田　宏（内閣調査局参与）　　　本庄栄治郎（京都帝国大学教授、経済学博士）
戸田貞三（東京帝国大学教授）　　大島辰次郎（前内務省衛生局長）

| | |
|---|---|
| 岡　　実（大阪毎日新聞社取締役、法学博士） | 高岡熊雄（北海道帝国大学総長、法学博士・農学博士） |
| 高田保馬（京都帝国大学教授） | 高野岩三郎（大原社会問題研究所長、法学博士） |
| 永井　潜（東京帝国大学教授、医学博士） | 矢内原忠雄（東京帝国大学教授） |
| 矢野恒太（第一生命保険相互会社社長） | 山本美越乃（京都帝国大学教授、法学博士） |
| 気賀勘重（慶應義塾大学教授、法学博士） | 暉峻義等（倉敷労働科学研究所長、医学博士） |
| 安部磯雄（衆議院議員） | 有馬頼寧（貴族院議員、伯爵） |
| 宮島幹之助（慶應義塾大学教授、医学博士） | 塩沢昌貞（早稲田大学理事、法学博士） |
| 土方成美（東京帝国大学教授、経済学博士） | 関屋貞三郎（貴族院議員） |

☞ **大正デモクラシー**
　大正期に顕著となった民主主義的思潮。護憲運動・普通選挙運動が展開され、民本主義や自由主義・社会主義の思想が高揚した。

☞ **永井亨**（ながい　とおる．1878～1973）
　抽象的な人口論争よりも人口政策の確立が重要であるという立場から、人口食糧問題調査会や人口問題研究会での活動に精力を注いだ。

☞ **福田徳三**（ふくだ　とくぞう．1874～1930）
　生存権を基礎とする社会政策論を説いた。生存権とは、社会を構成する人々が人たるに値する生活に必要な待遇を要求する権利であり、社会政策の根本要求であるとした。

☞ **新渡戸稲造**（にとべ　いなぞう．1862～1933）
　経済学から生物学、社会学へと広がりをもっていた西欧先進諸国の人口論議を踏まえて、質を忘れて量のみを論じる人口論はもはや今日用をなさないという立場をとった。

☞ **上田貞次郎**（うえだ　ていじろう．1879～1940）
　1930年代に入って人口問題に関心を持ち、理論的、実証的な研究を行った。将来人口の推計を試みるなど、人口研究の発展に貢献した。

## 国際問題としての人口問題

　先に取り上げた人口食糧問題調査会は、1930年4月10日の設置期間終了前に以下の2つの決議を出している。

　　社会省設置に関する件
　　人口問題に関する常設調査機関設置に関する件

ここでいわれる「社会省」と「人口問題に関する常設調査機関」は、それぞれ厚生省（1938年）と厚生省人口問題研究所（1939年）として具体化される。「社会省設置に関する件」は永井が案を出して総会の決議を得たものであったのに対して、「人口問題ニ関スル常設調査機関設置ニ関スル件」には2つの案があった。国内的な問題に主眼をおいた案を提示した永井に対して、国際的な問題に主眼をおいた案を提示したのが新渡戸である。

　当時の新渡戸は、移民問題の平和的解決に取り組んでいた太平洋問題調査会（Instutute of Pacific Relations）の日本支部（1926年設立）に設けられた研究部の委員長に就任して、同調査会の調査研究活動の主導者となっていた。太平洋問題調査会は1925年にホノルルで設立され、太平洋岸に位置する国々の民間有識者間の意見交換を目的として活動を始めた。戦前の同調査会主催の太平洋会議に日本から代表者が派遣されたのは1936年に開催された第6回までであるが、新渡戸は第3回から参加し、第5回の会議参加の旅行中に亡くなった。

　当初運営の中心であったハワイのYMCA関係者は、政治問題よりも文化・経済問題に力を入れることを主張したが、次第に植民地をめぐる政治的対立が際立ったものとなった。満州事変や日中戦争に対する会議参加者からの批判が強まるなかで、日本は1939年の代表派遣は行わなかった。

　人口食糧問題調査会の設置以来大いに活躍した那須も、アメリカの移民法制定（1924年）による移民制限に対して日本の人口食糧問題の深刻さへの理解を求めるなど、第2回から第6回まで会議に出席して重要な役割を果たした。また、第5回と第6回の会議に出席した上田貞次郎は、日本の人口問題の逼迫と自由貿易の維持による人口問題の平和的解決を訴えた。

> **YMCA**（Young Men's Christian Association）
> キリスト教の信仰に基づいて、男子青年の人間教育と社会奉仕を目的とする世界的な団体である。1844年、当時22歳の呉服商店員ウィリアムズ（George Williams）を中心として12名の青年がロンドンで組

織した。その後、欧米諸国に広まり、人格の向上と奉仕の精神による社会活動をめざす国際的な団体に成長した。

## 戦時人口政策

　人口食糧問題調査会の時代から強く要求されてきた国立の人口問題調査研究機関の設置は、皮肉にも戦時人口政策の遂行にかかわる重要な組織という位置づけで1939年に実現した（1942年には、公衆衛生院と産業安全研究所との統合により一時的に厚生省研究所となった）。

　人口問題研究会設立当初からの研究員であった舘稔が、人口問題研究所創設当初の研究官に就いて人口 - 厚生行政の実務を引き受けた。創設当初の企画部長には北岡寿逸が就任した。1940年には参与制度が設けられ、人口問題研究会の関係者からは永井亨、那須皓、上田貞次郎、暉峻義等らが名を連ねた。

　一方で、戦時人口政策の立案に影響力をもったのは、1930年に日本民族衛生学会を設立し、理事長として断種法制定運動をリードした永井潜や、1939年に厚生省に入った古屋芳雄であった。そのほか、企画院（1937年10月に経済統制を強化するために設置された内閣直属の機関）の人口問題担当者であった美濃口時次郎が、人口政策確立要綱（1941年）の起案責任者として重要な役割を果たした。多産奨励への傾倒を象徴する人口政策確立要綱は、「出生の増加」を「死亡の減少」よりも重視したところに新味があると説明された。1940年に開設された厚生省優生結婚研究所は「生めよ育てよ国のため」を含む結婚十訓（1941年）を立案し、人口増加の必要と結婚に対する優生思想の必要を説いた。

　この時期、美濃口や大河内一男らによって、人的資源論が展開された。戦時中には労働者の保有する能力や意欲によって労働生産性に差が出ることに注目した議論が多く登場する。戦時人口政策の立案にかかわった論者の多くは、戦後の人口 - 厚生行政でも重要な役割を果たすことになった

が、そこでは一転して戦時人口政策を否定し、産児制限や産業の振興による人口収容力の拡大を主張することになる。

☞ **舘　稔**（たち　みのる．1906～1972）
　人口問題研究会の設立以来、日本の人口‐厚生行政を支え続けた。人口問題研究所時代には、人口問題をめぐる国内および海外の会議に出席して活躍した。

☞ **北岡寿逸**（きたおか　じゅいつ．1894～1989）
　厚生省人口問題研究所の初代企画部長に就いた。在職期間は短かったものの、その間に西欧先進諸国の出生促進策を紹介する論考を多数発表した。

☞ **古屋芳雄**（こや　よしお．1890～1974）
　1939年に厚生省に入り、国民優生法（1940年）や人口政策確立要綱（1941年）の策定にかかわった。戦後は家族計画の普及に力を注いだ。

☞ **美濃口時次郎**（みのぐち　ときじろう．1905～1983）
　消費者としての人ではなく、社会の存立繁栄に資する人という視点から人的資源論を提起して、戦時人口政策の立案に携わった。

☞ **人口政策確立要綱**
　1941年に閣議決定され、「東亜共栄圏を建設してその悠久にして健全なる発展を達成するために、我が国人口の急激にして永続的な発展増殖とその資質の飛躍的な向上を図る」ことをその目的として掲げた。

☞ **大河内一男**（おおこうち　かずお．1905～1984）
　生産力拡充のために人的資源の量的ならびに質的確保が重要であるとする立場から人的資源論を展開した。

◀ コラム❸ 太平洋問題調査会 ▶

　1925年に発足（1961年に解散）した太平洋問題調査会は、民間の有識者による調査・研究機関として発足した。同会が催した太平洋会議の議題は、以下のとおりである（※ 日本は不参加）。

第1回（1925年）排日移民法と中国の不平等条約
第2回（1927年）人口食糧問題、天然資源分布の問題、日米不戦条約
第3回（1929年）満州問題
第4回（1931年）中国経済の発達
第5回（1933年）太平洋における経済上の軋轢とその統制
第6回（1936年）太平洋における経済政策と社会政策の目的と結果
第7回（1939年）太平洋における通商条約の政治的・経済的側面　※
第8回（1942年）太平洋における戦争と平和　※
第9回（1945年）太平洋における安全保障　※
第10回（1947年）極東における経済再建　※
第11回（1950年）極東におけるナショナリズムとその国際的影響
第12回（1954年）極東における生活水準の向上に関する経済的・政治的・社会的諸問題
第13回（1958年）南アジアおよび東アジアにおける外交政策の諸問題

　ハワイのYMCA関係者によってこの会議が企画された当初は、民間レベルの参加者による自由な意見交換を通じて相互理解を深めることに主眼がおかれていた。しかしながら、太平洋地域に利害関係を有する国からの参加者で構成された同会における議論は、次第に変化した。それぞれの国の立場から討議を行うという、政治的色彩のあるものとなった。政府間の公式会合ではないものの、参加者の発言は国の立場を代表するものとなりがちだったのである。
　ホノルルで開催された第1回の会議には（参加人数の多い順に）アメリカ、日本、中国、ニュージーランド、朝鮮、カナダ、オーストラリア、フィリピンが参加した。第2回からはイギリス、第3回からはフランス、オランダが参加して規模が大きくなったが、約200名の参加者があった第3回の出席者数が全13回の会議のなかで最大であった。
　戦前の日本に引きつけていえば、排日移民法（1924年）、満州事変（1931年）について国としての立場を証明せざるをえず、日本批判が強まった日中戦争開戦の後に開催された第7回から第10回までは不参加となった。

# 第4章 戦後日本の行政における人口認識

## 人口－厚生行政課題の推移

表4-1は、戦後日本における人口－厚生行政課題の推移を示したものである。西欧先進諸国の影響を受けて戦前に土台が形成された人口の〈量〉と〈質〉をめぐる政策論議は、戦後の「少なく産んでよく育てる生活」を提案した家族計画論、さらには「よりよい生活」を提案した社会開発論へと展開をした。戦後しばらくの日本では社会科学系の人口研究は停滞し、政策課題に応じた人口論が再生産された。

表4-1 戦後日本における人口－厚生行政課題の推移

| 時期区分 | | 出生率 | 高齢化率 | 政策課題 | 政策論 |
|---|---|---|---|---|---|
| Ⅰ | 1950年代 | 3.65 | 4.9 | 人口過剰 | 家族計画論 |
| Ⅱ | 1960年代 | 2.00 | 5.7 | 人口資質<br>人口移動（都市化） | 社会開発論<br>地域開発論 |
| Ⅲ | 1970年代 | 2.13 | 7.1 | 人口構成（高齢化） | |
| Ⅳ | 1980年代 | 1.75 | 9.1 | | |
| Ⅴ | 1990年代 | 1.54 | 12.0 | 人口減少（少子化） | 家族政策論 |

注：各時期区分における出生率・高齢化率は、それぞれ1950年、1960年、1970年、1980年、1990年のもので代表させた。
出所：筆者作成

## 人口問題審議体制の確立

第3章で明らかにしたように、日本における人口問題審議体制に深くか

かわったのは、1933年に設立された人口問題研究会とそれを母胎に1939年に創設された人口問題研究所である。戦後の人口問題をめぐる政策論議においても、これら2組織の関係者が重要な役割を果たした。

**表3-1**で示したように、戦後間もなく人口問題の検討が始められた。とはいえ、しばらくは本格的な活動には至らず、安定的な人口問題の審議体制が確立したのは1953年のことである。人口問題審議会が厚生省に設置されて以降、人口問題研究所が研究資料を作り、それをもとに（人口問題研究会内に設置された）人口対策委員会が原案を作成し、それを人口問題審議会で討議の末、最終的な決議として政府へ提出する方式で議論が進められた。

人口問題審議会第一部会（人口収容力に関する部会、部会長：那須皓）と人口対策委員会第一特別委員会（人口と生活水準に関する特別委員会、委員長：山中篤太郎）、人口問題審議会第二部会（人口調整に関する部会、部会長：永井亨）と人口対策委員会第二特別委員会（人口の量的、質的調整に関する特別委員会、委員長：寺尾琢磨）はそれぞれ対応しており、人口問題審議会の委員と人口対策委員会の委員は過半数が重なるように組織されていたことから、人口問題研究会での決定が重要な意味をもっていた。

家族計画論から社会開発論へとシフトする1960年代まで人口問題審議体制において重要な役割を与えられていた人口問題研究会は、理事長の永井亨、常任理事の舘稔、幹事のち理事となった篠崎信男が中心になって運営されていた。

> ☞ **財団法人人口問題研究会**
> 1933年に設立された半官半民の人口問題研究機関。この会が官立研究所の設立を強く建議した結果、厚生省人口問題研究所が創設された。戦時中は活動を休止したが、戦後再発足した。設立当初は内務省社会局内に、戦後は厚生省人口問題研究所内に事務局がおかれ、2000年代に自然消滅した。

☞ **厚生省人口問題研究所**
　1939年に設立された。戦時体制下で厚生省研究所に統合され、一時的に人口民族部となったが、戦後再び独立の研究所に戻った。各国に人口研究機関は多いが、戦前から存続する国立の人口研究所を有しているのはフランスと日本だけである。1996年に厚生省人口問題研究所と特殊法人社会保障研究所との統合により国立社会保障・人口問題研究所となった。

☞ **厚生省人口問題審議会**
　第一部会（人口収容力に関する部会）と第二部会（人口調整に関する部会）を設けて審議し、必要に応じて特別委員会をおいて決議あるいは意見をまとめて答申を行ってきた。2000年に廃止され、人口問題に関する議論は2001年に発足した社会保障審議会人口部会に引き継がれた。

☞ **山中篤太郎**（やまなか　とくたろう．1901～1981）
　経済政策、労働問題の専門家として失業や社会保障の問題に言及した。『社会保障の経済理論』（東洋経済新報社、1956年）では、社会保障制度を「社会保険制度と公的扶助制度との複合体の上に成り立つ一体系」と規定している。

☞ **寺尾琢磨**（てらお　たくま．1899～1984）
　マルサスの『人口論（第6版）』の翻訳を依頼されたことをきっかけに人口研究に取り組み、日本における家族計画論や社会開発論の展開を中心的に支えた。

## 日本人口学会の創立

　一方、1948年には日本の人口現象を各科学分野から総合的に検討し、その現状と将来の傾向を明らかにするため、日本人口学会が設立された。それは国立公衆衛生院の古屋芳雄と人口問題研究所の舘稔、総理庁統計局の森田優三らの話し合いによって決定したもので、設立時の会員は以下のとおりであった。

| | | | | |
|---|---|---|---|---|
| 安倍雄吉 | 有澤廣巳 | 林　惠海 | 菱沼從尹 | 本多龍雄 |
| 福田邦三 | 犬丸秀雄 | 板垣与一 | 神谷慶治 | 勝矢俊一 |
| 川井三郎 | 川上理一 | 川野重任 | 喜多野清一 | 木内信藏 |

| 古屋芳雄 | 小山栄三 | 小山　隆 | 久保秀史 | 丸山　博 |
| --- | --- | --- | --- | --- |
| 三國一義 | 美濃口時次郎 | 三浦運一 | 水島治夫 | 森田優三 |
| 永井　亨 | 中川友長 | 根村當三郎 | 西野陸夫 | 野尻重雄 |
| 小田橋貞寿 | 岡田　謙 | 岡崎文規 | 齋藤　潔 | 瀬木三雄 |
| 島村俊彦 | 下條康麿 | 篠崎信男 | 曽田長宗 | 舘　稔 |
| 立川　清 | 高橋梵仙 | 高橋正雄 | 田中啓爾 | 寺尾琢磨 |
| 東畑精一 | 内田寛一 | 上田正夫 | 上原轍三郎 | 渡辺　定 |
| 山中篤太郎 | 矢内原忠雄 | 吉田秀夫 | 吉益脩夫 | 吉岡博人 |
| 吉阪俊蔵 | | | | |

　事務局は国立公衆衛生院におかれ、当時の日本では公衆衛生上の課題が重視されていたことと関係して、医者や公衆衛生の専門家が多くを占めていた。さらにいえば、会員の多くは先述の人口問題研究会や人口問題研究所の関係者であった。

　下條康麿が初代会長（1948〜56年度）に、続いて永井亨が第二代会長（1957〜67年度）になった。古屋芳雄が第三代（1968・69年度）会長を2年で終えてからは、原則2年で会長が交代するようになった。1970年度から73年度まで務めた第四代会長の南亮三郎が「人口の教育および研究に関する要望書」を当時の文部大臣あてに提出し、人口研究教育の充実を要望している。

　このことからもわかるように、社会科学系の人口研究の拠点整備は遅れており、当時中央大学の教授であった南亮三郎が1958年に創設した人口学研究会が人口研究者育成の中心的役割を担うことになった。それは、当時慶應義塾大学の教授であった寺尾琢磨の関係者や1959年から厚生省人口問題研究所の所長となっていた舘稔の関係者など、まだ数少なかった人口問題の研究者が集う場となった。

　南によれば、この研究会を組織するきっかけになったのは、『人口大事典』（1957年）の編集を担当したとき南が直面した「人口政策」をどう定

義するかという問いであった。『人口大事典』において南は、人口政策が以下の2つからなるという定義を与えている。

 人口過程の調整政策：結婚、出産、移動といった人口要因の上におこる不調整を調整し、人口過程そのものを望ましい姿に導こうとする政策
 人口問題の解決政策：人口要因の作用の結果としてその時々の経済との間に生じた不釣合いの解決をはかるための政策

> **国立公衆衛生院**
> 1938年に、厚生省所管の公衆衛生技術者の教育訓練と公衆衛生に関する調査研究のための機関として設立された。設立当初の名称は公衆衛生院で、初代院長は林春雄、初代疫学部長は野辺地慶三、初代小児衛生部長は斎藤潔、初代環境生理科長は石川知福、初代衛生統計学部長は川上理一が務めた。建物と設備の整備にかかる費用は、米国ロックフェラー財団から寄付で賄われた。2002年に、国立保健医療科学院に改組された。

> **統計局**
> 現在は総務省の内部部局の1つである。主要な統計調査の企画と実施および統計に関する各省庁間の調整を担当している。

## 人口政策と福祉政策

『人口政策』（1969年）で南亮三郎は、「〈人口政策〉は、政策目標そのもので空漠としている。ローマ時代やマーカンティリズムの時代には人口増加を明確な政策目標としたが、その人口増加が国民の経済的・社会的福祉とどう関係しあうかといった点には顧慮がはらわれなかった。単純無条件な人口増加の謳歌が今日の人口政策の目標とはなりがたい理由がここにある。まさにその点で、人口政策は今日、経済政策や社会政策と結びつかねばならぬのである。国民福祉の増進をめざす経済政策と無関係で人口政策がありうるわけはなく、また人口政策は、国民の経済的福祉の平準化をめ

ざす社会政策ときりはなすことはできない」と定義した。

これを機に、「人口思想と人口政策」(1971年) で吉田忠雄は、世界に先駆けて人口政策と福祉政策を結びつけたスウェーデンの人口政策に民主社会における人口政策のあるべき方向性を見いだした。それは「単なる人口増加政策ではなく、家族と福祉との接点を求める温和な人口増加政策」であり、「子供を生めという政策ではなく、生むことが望ましいという政策でもなく、子供を生みたくとも生めない人に、生めるような福祉を充実しようという人口政策」として紹介され、民主社会における人口政策では「社会化された家族」が要望されるとしている。

さらに、「人口政策の理論的考察」(1976年) で大淵寛は、人口政策の目的として生存目的と福祉目的を提示し、「人口政策とは、一国あるいは一地方の政府が国民の生存と福祉のために、何らかの手段をもって現実の人口過程に直接間接の影響を与えようとする意図、またはそのような意図をもった行為である」と定義した。

このように、日本では1960年代を通じて、人口政策と福祉政策の関連づけに焦点があてられることになった。

## 家族計画論

さて、**表4-1**として示した行政の動向に話を戻そう。「人口問題研究会―人口問題研究所―人口問題審議会」という人口問題審議体制の確立に至る前の1948年に成立したのが、国民優生法 (1940年) の改正による不良な子孫の出生防止と母体保護を目的とする優生保護法である。日本の国会で成立する法律案の大多数が内閣提出のものであるが、同法は議員の発議によって成立した。

出生数の調整についての政府の方針が固まらないままに優生保護の改正 (1949年の改正で、人工妊娠中絶の適用要件に経済的理由を追加；1952年の改正で、人工妊娠中絶手術実施のための手続きの簡素化) が進み、人工

妊娠中絶手術の件数が激増した。それについて、国立公衆衛生院長・古屋芳雄が厚生大臣・橋本龍伍に産児調節普及の必要性を説いたことが家族計画論の盛り上がりのきっかけとなった。

　人口問題研究会が中心となって総合的な人口政策を打ち出そうとする動きが開始され、1954年7月に人口問題研究会第二特別委員会で採択された「人口対策としての家族計画の普及に関する決議」とそれをもとに1954年8月に人口問題審議会で採択された「人口の量的調整に関する決議」では、強力かつ適切な家族計画の普及推進が謳われる。「人口の量的調整に関する決議」の趣旨は、産児調節によって文化的な生活を追求することが人口抑制を目的とする人口政策の要求と一致するという観点から家族計画を推進すべきだというものであった。

> ☞ **優生保護法**
> 　優生保護法には2つの目的があった。1つは、優生上の見地から不良な子孫の出生を防止することであり、もう1つは母性の生命健康を保護することである。この2つの目的のために、不妊手術と人工妊娠中絶を行う条件と、避妊具の販売・普及について定めた。

## 国際家族計画会議の開催

　1954年には、日本家族計画連盟（事務局は国立公衆衛生院におかれた）が組織された。同連盟は、第5回国際家族計画会議（1955年10月24日〜10月29日；国際家族計画連盟と日本家族計画連盟の共催）を日本で開くことが決まったことを受けて、その引受機関となった。アメリカのクラレンス・ジェームス・ギャンブル博士が国際家族計画会議を日本に招致すべきだと勧告し、永井亨を中心とする協議によって北岡寿逸が事務局長に任命された。この会議は、日本の家族計画運動に火をつけることになった。

　当時日本家族計画連盟の会長であった下条康麿は第5回国際家族計画会議の開会の辞で、「家族計画は必ずしも消極的な人口調節のみを意味して

おりませんが、日本の現状においては家族計画は出産時の制限であって、これが個人の福祉を増進すると共に人口の過剰を緩和し、一国社会の安寧を図る所以であり、又世界に於ける人口と天然資源との均衡を図る運動として世界の恒久平和に貢献するものと考えるのであります」と述べた。

当時の人口問題研究会の顧問であり、人口問題審議会第二部会の委員でもあった下条による家族計画の定義は、いわば当時の日本政府の公式見解であった。産児調節の普及は「本質的には国民一般の自発的な意志の産物」であり、公式には一連の施策が「出生抑制の誘導のためではなく、すでに存在していた民衆の意志に追随して、その目的達成を助けるためのものであった」とされる一方で、当時の産児調節普及政策関係者の間では人口の量的ならびに質的調整の必要が活発に議論されていた。

## 新生活運動

家族計画連盟の顧問に就任した永井亨は、1954年に人口問題研究会内に設置された新生活指導委員会の取り組みとしての新生活運動（家族計画＋生活設計＝生活水準の向上をめざす運動）の普及にも尽力した。企業の従業員とその妻を対象に、受胎調節の指導と子どもの教育水準の向上や生活改善の知識を提供した。企業を対象とする家族計画普及活動の推進には、人口問題研究所の篠崎信男も大いに協力した。日本の出生率は1950年代を通じて急激な低下を経験するが、それを可能にしたのは、しばしば人工妊娠中絶の自由化と揶揄される優生保護法（1948年）が規定した人工妊娠中絶と、新生活運動をはじめとする家族計画の普及による避妊の普及であった。

> ☞ **篠崎信男**（しのざき　のぶお．1914～1998）
> 理学部出身者で、戦時中に人口問題研究所に入所して以来、人口資質に関する調査研究に励んだ。

☞ **国際家族計画連盟**
　1950年代初頭に始まった受胎調節の権利を求める活動が組織化され、1952年の第3回国際家族計画会議において8カ国の家族計画協会による国際家族計画連盟が設立された。

## 社会開発論

　1960年代には、人口問題の政策論議における関心が人口の量的調整から人口の資質向上にシフトした。ここに、政策課題としての人口と社会保障が交差する。

　そのきっかけは、『厚生白書』1958年度版の序で提起された、社会保障制度と経済政策との関連づけをめぐる問題意識である。そこでは経済政策と社会保障の両立可能性をめぐって、「社会保障は、本来、人間投資と所得再配分の両面機能を持つものである。従来、ともすれば経済政策に対する第二次的政策として考えられがちであつたが、転換期的段階に臨んでいる人口問題と、特殊段階ともいうべき状態に移行してきた日本の経済情勢下においては、社会保障の役割は先に述べた経済政策を推進させるうえに欠くことのできない一つの重要な要素でさえあるといつても過言ではないであろう」という見解が提示された。

　それを前提に、社会保障論の再構築のために導入されたのが社会開発の概念である。経済開発に対置される語として1950年代から国連で使われはじめた社会開発という概念にいち早く注目したのは当時人口問題研究所長であった舘稔であり、Social Development に社会開発の訳語を与えたのは当時厚生大臣官房企画室長であった伊部英男である。舘は1950年代から国際連合人口委員会に日本政府代表として出席するなど人口・家族計画分野における国際協力で重要な役割を果たした人物であり、伊部と手を携えて社会開発論の受容を主導した。

☞ **伊部英男**（いべ　ひでお．1921〜2002）
経済企画庁と折衝して「社会保障五ヶ年計画」（1956〜1961年度）をつくり、国民皆保険の実現に貢献した（当時、国民健康保険課長）。その後、社会保障研究所の創設に尽力するなど、日本における社会保障研究の発展に寄与した。1971年には社会保険庁長官、1974年には日本社会事業大学理事長になった。

## 人口と社会保障の交差

社会開発という言葉が日本で使われた最初の例は、1962年に人口問題審議会から出された「人口資質向上対策に関する決議」（1962年）である。日本版の社会開発論は、人口 - 厚生行政課題における〈量〉から〈質〉へ、具体的には産児調節の普及から人間能力の開発と生活の向上への転換を主張するなかに、工業を中心とする経済面での開発に対して、都市、農村、住宅、交通、保健、医療、公衆衛生、環境衛生、社会福祉、教育などの社会面での開発の重要性を見いだすことになった。それは、「社会保障の問題を新たな段階から考えなければならない」という社会保障制度審議会（総理府）の問題意識と呼応するものであった。

その後、1964年に発足した佐藤栄作内閣は政権の目標に「社会開発」を掲げた。1965年1月には首相の諮問機関である社会開発懇談会が設けられるなど、「社会開発」は政権戦略のキーワードとなった。

## 地域開発論

社会開発とならぶキーワードとして浮上したのが、地域開発である。第二次世界大戦後の経済再建の過程で開発の遅れている地域の開発が課題となっていたが、1960年に至って工業地帯の過密や人口集中の激化による都市問題と農山漁村の急激な人口減少や所得低下が深刻な問題となった。その地域格差の解消が課題となり、地域開発という言葉のもとで過密地域の工場抑制と地方都市の開発を重点とした全国総合開発計画が1962年に策定

された。この計画によって、地方の経済的基盤と生活基盤の整備が進められた。

## 社会保障研究所

　特殊法人社会保障研究所の創設（1965年）は、量的な人口問題の解消、量から質（資質・構成）の問題へという人口問題の基調の変化と、社会保障の充実をめざす社会保障制度審議会の課題認識を象徴する出来事であった。同研究所は、1962年7月に発表された人口問題審議会（厚生省）の「人口資質向上対策に関する決議」が求めた調査研究機関の拡充と、1962年8月に発表された社会保障制度審議会（総理府）の「社会保障制度の総合調整に関する基本方策についての答申および社会保障制度の推進に関する勧告」による提案が実ったものである。舘（創設当初の参与に就任）と伊部が同研究所の創設に尽力するとともに、人事にも大きな影響力をもった。

　当時の行政課題であった地域開発にかかわる専門家として招かれた福武直（非常勤の参与に就任）とその関係者が常勤・非常勤研究員として多く採用された。ここに、福武を中心とする「社会政策の社会学」という潮流が形成された。日本人口学会に社会科学系の研究者が増えはじめるのもこのころである。

## 転機としての1970年代

　1970年代には人口問題の審議体制における「人口問題研究所 - 人口問題研究会 - 人口問題審議会」の三位一体の関係が改められ、人口問題研究所の研究資料がただちに人口問題審議会に送られて審議されることになった。その結果として、以降の人口問題研究会は啓発活動など民間団体としての活動のみを行うことになった。人口問題審議会では、1964年まで委員

を務めた（人口問題研究会理事長の）永井と入れ替わりで（社会保障研究所参与の）福武直が、1968年まで委員を務めた北岡寿逸と入れ替わりで（社会保障研究所所長の）山田雄三が加わるというように、1960年代を通じて家族計画の時代を支えた論者が人口問題審議会の委員から退いて社会保障研究所関係者が加わるという委員の交替がなされた。

そのことからしても、社会保障研究所の設立（1965年）は、量的な人口問題の解消、量から質（資質・構成）の問題へというその後の人口認識の基調の変化をたぐり寄せる出来事であったといえよう。

## 能力開発論

1971年の人口問題審議会の答申「最近における人口動向と留意すべき問題点について」においては、「過剰人口といった量的な問題から、人間能力の開発などの基盤としての質的な問題が中心課題となってきた」として、人間のライフサイクルに即応した体系的、総合的な人口資質向上対策が提言された。そこで「人口資質とは、人間の集団として遺伝的素質、形質、性格、知能、あるいは教育程度などの各種の属性をいう。換言すれば、肉体的、精神的および社会的エネルギーの状態などの機能的側面における諸性質の総合化されたもの」と定義されている。

さらに、山田雄三を委員長として作成された厚生省人口問題審議会編『日本人口の動向—静止人口をめざして—』（1974年6月、「人口白書に関する特別委員会」の委員長は山田雄三）では、「人口資質を向上させるには、人間性を基調とし、その潜在能力を開発し、健康な生存を全うさせるため、生活の環境を改善し、生体の機能をより良く変えるべきであると同時に、次世代へ良質人口を遺産として残すことを眼目とすべきである」とされた。この時点で人口資質は形質、体位、体力、知能、性格に影響する問題として理解されていたことがわかる。

あるいは、1974年に第1章で触れた世界人口会議（ブカレスト）が開か

れるのを前に、人口問題に対する国内的な関心を高めることを目的に日本人口会議が開催された。そこで採択された宣言のなかに「子供は二人まで」という国民の合意を得るという内容があり、人口増減のない静止人口の実現と人口資質の向上が当時の課題となっていたことがわかる。この会議の主催団体のひとつであった人口問題研究会の当時の理事長であり、家族計画論の時代から社会開発論の時代への転換にもかかわった寺尾琢磨は、当時の人口が多すぎるという見解を述べ、もっと早く静止人口を目標とすべきであったと述べている。

　もっとも、戦前のイギリスからアメリカへと中心拠点を移しながら時代思潮となっていた優生学は、戦後に入って真面目な科学としては衰えていった。日本でも1970年代後半には、優生概念が人権問題に抵触するという認識が浸透していった。命の〈質〉をめぐる議論は、福祉や人権の観点からの批判にさらされることになったのである。1970年代半ばは、人口資質という概念の理解をめぐる大きな転機となった。

## 人口分野の国際協力

　1970年代から本格化したのが、人口分野における国際協力である。日本は、1970年から国際連合人口基金への拠出金の提供を開始した。それより遡って、1968年には日本の家族計画・母子保健の分野での経験やノウハウを途上国に移転してほしいという国際的な要望を受けて家族計画国際協力財団が設立された。また、1974年には国際的な平和と安定のために日本の経験を途上国に伝えることを目的とする超党派議員グループとして、国際人口問題議員懇談会が設立された。

　さきに取り上げた『人口白書』（1974年）作成のための特別委員会とともに、「世界人口会議および世界人口年に関する特別委員会」（委員長：大来佐武郎）が設けられた。それ以来、「わが国の人口問題も、国内だけのものでなく、世界の人口問題との関連において考えなければならない」と

いわれるようになった。ここでいう世界の人口問題とは人口爆発といった表現で語られた人口増加のことであり、ローマクラブの委託によりマサチューセッツ工科大学のドネラ・メドウズらが行った「人類の危機に関するプロジェクト」のための研究報告が「人口増加や環境汚染などの現在の傾向が続けば、100年以内に地球上の成長は限界に達する」と警鐘を鳴らしたのを機に、資源や環境の制約について先進諸国の人々の反省を促す契機となった。

高度経済成長を経て先進国の仲間入りを遂げた当時の日本は、国際連合が主導してきた人口分野における国際協力への日本の貢献は拠出金の提供という新たな段階に入った。こうして国内的にも国際的にも大きな転機となった1970年代初めに、舘稔（1972年）、永井亨（1973年）、古屋芳雄（1974年）といった、戦前ないしは戦中以来の日本における人口‐厚生行政の思想的基盤を築き上げてきたキーマンが相次いでこの世を去っている。

それ以降の人口問題審議会は、国内的な政策課題を議論する場としての存在感を失っていった。実は1970年代半ばこそが、継続して合計出生率が人口置換水準を下回るようになったという意味では少子化の起点であるが、人口問題審議会が少子化への危機感をもちはじめるのは1980年代終わりに至ってのことであった。このタイムラグが生じたひとつの大きな原因は、人口転換理論に代表される当時の人口学の知見では人口転換達成後の合計出生率はおおむね人口置換水準を維持するだろうという見通しが支配的だったことである。

☞ **家族計画国際協力財団**
　外務省および厚生労働省所管の財団法人として発足した。家族計画・母子保健分野の日本の経験やノウハウを途上国に移転してほしいという国際的な要望を受けて設立された。

☞ **国際人口問題議員懇談会**
　人口急増が開発途上国の社会開発・経済発展に重大な支障をきたしているという問題意識を背景に、人口と持続可能な開発に関する超党

派議員グループとして1974年に設立された。
- **大来佐武郎**（おおきた　さぶろう．1914〜1993）
環境破壊、貧困、天然資源の枯渇といった人口と開発をめぐって人類が直面する脅威を緩和することへの関心から、人口分野の国際協力において重要な役割を果たした。

## 家族政策論

　日本では1990年の「1.57ショック」を機に少子化が行政課題となり、育児の社会化を説く家族政策論が興隆した。それより遡って、1987年に人口問題審議会に設けられた人口と家族に関する特別委員会において、家族政策の概念が紹介された。

　同委員会のメンバーには社会開発論の時代をリードした福武直と伊部英男が含まれており、「ファミリー・ポリシーというものは、個々の家庭にどういうようにタッチするかというようなことではなくて、例えば出生率をどういうように持って行くとか、そのためにはどういう施策が必要とか、一種の広義の誘導政策を行っている」「日本の人口が今非常に縮減をしているので出生そのものについてもう少し積極的に政府は何か政策をとるべきではないか」といった議論がなされた。

　1990年の1.57ショックを機に、専門家の間で少子化に対する危機意識を背景とする国家と家族の関係について論じられるようになり、児童や女性を対象とする社会政策を出生促進政策の手段として位置づける必要があるといった問題提起もなされた（第6章参照）。

◀コラム❹ 新生活運動▶

　1940年代の終わりから50年代にかけて盛り上がりをみた新生活運動といってもいくつかあるが、過剰人口問題の解消という政策課題と結びついていたのは財団法人人口問題研究会が指導した新生活運動である。1954年に同会に設けられた新生活指導委員会は、企業体を対象に新生活の指導や研修を行った。以下の課題が掲げられた人口問題研究会の新生活運動は、受胎調節や生活設計の実践による安定した家庭生活の構築を理想とする啓蒙活動であった。

　1　家族計画
　　　　家族計画理念の普及
　　　　受胎調節の普及と堕胎（人工妊娠中絶の防止）
　2　生活設計
　　　　予算生活の普及
　　　　生活合理化の促進
　　　　貯蓄の増強
　3　健康家庭の建設
　　　　家庭衛生の向上
　　　　乳幼児の科学的保育
　4　家庭秩序の再建
　　　　新しい家庭道徳の樹立
　　　　青少年の不良化防止
　5　社会道徳の振興
　　　　職場道徳、交通道徳、公衆道徳の高揚
　　　　責任能力態度の確立

　当時、人口問題研究会の理事長であり、この運動の推進役となった永井亨は、人口対策としてのこの運動の思想的基盤を提供した。というのは、永井は人口政策の樹立を目的として設立された人口問題研究会（1933年）の設立当初の理事であり、戦後は同会の理事長に就任して人口問題をめぐる議論をリードした。『日本人口論』（1929年）で永井は人口数の調節と生活水準を適正な水準へと導くための社会政策的人口政策を主張しており、それが新生活運動というかたちで実践に移されることになったのである。戦後いち早く受胎調節の宣伝と教育の必要を指摘したのも、人口問題研究会から出された「新人口政策基本方針に関する建議」（1946年）であった。

# 第5章 少子化の理論と出生力変動

## 出生力の経済学

　日本で少子化に社会的な関心がむかったのは1990年代に至ってからのことだが、先行して出生率の低下に直面していた諸国では、早くから出生力に関する研究が進行していた。第2章で述べたように人口論は久しく経済学の体系の外におかれていたが、1950年代にはミクロ経済理論を援用した出生力の決定因の分析枠組みが構築された。戦後の出生力の経済学の動向を整理してみよう。まず、開発途上国の経済発展のためには人口抑制が必要であると説いたハーヴェイ・ライベンシュタインは、開発途上国ほど出生力が高いことを子どもに関する効用・不効用仮説を用いて説明した（『経済的後進性と経済成長』1957年）。

　効用・不効用仮説とは、追加的に子どもをもつかどうかは、その子どもから得られる効用とそのために子どもにかかる費用（＝不効用）に依存するというものである。ライベンシュタインによれば、子どもから得られる効用には、①消費財としての効用（子どもをもつ喜び）、②労働力としての効用（いずれ労働力として家計の助けになってくれる）、③老後の生活保障としての効用（老齢で働けなくなったときに頼れる）がある。他方で、子どもにかかる費用には、①直接的費用（子どもを養うための支出）、②間接的費用（子育てのために就業をあきらめることで失う所得）などがあるという。経済の発展によってこれらの効用と費用の捉え方は変化する。所得の上昇によって子どもから得られる効用は相対的に低下し、逆に費用は増加する傾向があることから先進諸国にみられる出生率の低下

を説明した。これはミクロ経済学を援用した出生力の経済学の先駆的なものであったが、多くの経済学者の関心が出生力研究にむかうのはゲイリー・ベッカーの登場を待ってからであった。

## ベッカーの登場

ベッカーによれば、産児調節が普及した社会では子ども数に関する意思決定が行われる。そのことを前提に、ミクロ経済学の消費者理論を出生力の理論に援用した。「出生力の経済分析」(1960年) でベッカーは子どもを耐久消費財のようなものとみなし、子どもに対する支出と他の財やサービスに対する支出を行う親は、効用を最大化すべく所得を配分すると仮定した。さらにベッカーは、所得が上昇しているにもかかわらず子ども数が減るという現象を説明するために子どもの質という概念を導入した。子どもに対する支出の増加が子どもの質を高める。親は自分の欲する子どもの質を選択し、それによって子ども1人にかける支出が決まる。したがって、子どもの量と質は互いに関連している（量をとるか質をとるかになる）という。

その後、1965年に発表した論文「時間配分の理論」では、家計生産という概念を導入した。それは、利用可能な時間を家計内生産活動（育児など）と賃労働にどのように配分するのか、さらには両者を家族でどのように分担するかに関する分析を可能にした。ベッカーを中心とするシカゴ学派は、「家族は消費選択と家計内生産活動と賃労働の時間配分について意思決定することを通して効用を最大化する」という見方を提示した。

出生力の経済学のもうひとつの流れを形成したのが、リチャード・イースタリンである。イースタリンは1966年に世代間相対所得仮説を提起した。不況の時代に生まれ育った人は生活の期待水準が低く、自分が子どもをもつ時期に景気が回復していると、生活水準が期待水準を上回るので結婚や出産がしやすくなり出生率は上昇する。逆に、豊かな時代に育って自

分が子どもをもつ時期が不況の時代であると、期待水準より生活水準が低くなるため結婚や出産を控えるので出生率が低下する、というものである。この仮説の影響力は社会学にも及んだ。

## 出生力の社会学

その後、先進諸国で人口置換水準に達しないほどの低出生率を記録するようになると、第2の人口転換理論が提起された。1980年代の終わりにヴァン・デ・カーとロン・レスタギが、「少子化は第2の人口転換である」と言った。当時、多産多死から少産少死への人口動態の歴史的変化が人口転換と呼ばれていたが、そこでは合計出生率は人口置換水準に落ち着くと考えられていた。

ところが、先行して出生率の低下を経験していた西欧先進諸国では、合計特殊出生率が恒常的に人口置換水準を下回る状況がみられた。これが第2の人口転換であり、その背後には若い世代の価値観の根本的な変化があると指摘された。ヴァン・デ・カーは保守主義から進歩主義への変化、自己実現欲求の優位化、レスタギは個人主義化を指摘した。西欧ではもともと個人主義が強かったとされるが、結婚や出産をめぐる考え方についてはキリスト教の影響が強かった。ところが、1960年代あたりからそれが急激に弱まったとされる。

## フェミニズム

1960年代以降の女性の高学歴化と社会進出、男女の賃金格差の縮小、女性の管理職・専門職の増加が起こるなかで、男女平等を求めるフェミニズム思想が広まった。国際連合が1975年を国際婦人年と定めるなど、1970年代には女性の地位を高め、男女差別撤廃をめざす動きが活発になった。

女性の解放を説くフェミニズムの原点は、男性に比べて女性が抑圧され

ているという認識である。その歴史は、18世紀の市民革命まで遡ることができる。女性には理性がないといった当時の偏見に対する批判から、フェミニズム運動は生まれた。その後の19世紀末から20世紀初めにかけて繰り広げられた男性と同等の政治的な権利の獲得を求めた動きが第1波フェミニズムと呼ばれるのに対して、1960年に起こった性差別の撤廃、性をめぐる社会規範の再考などを求めた動きは第2波フェミニズムと呼ばれる。第2の人口転換の背後には、こうした思想的変動もあると考えられる。

## 日本における出生力変動

　少子化を把握する代表的な指標としてよく取り上げられるのが、合計出生率である。合計出生率は15〜49歳までの女性の年齢別出生率を合計したもので、ある女性が仮にその年齢別出生率に従って子どもを生んだ場合に、生涯に生む子ども数の平均に相当する（その年の女性の子どもの生み方を表す指標）。1950年代半ば以降の日本の合計出生率は、西欧先進諸国と同水準ないしはそれを下回る水準で推移してきた（**図5-1**参照）。

　日本の合計出生率は第1次ベビーブームの時期には4を超えていたが、1950年代を通して急激に低下した。1956年には2.22となり、人口が増加も減少もしない均衡状態となる人口置換水準（同年では2.24）を初めて下回っている。その後、1966年の丙午前後の特殊な動きを除けば緩やかな上昇傾向を示し、第2次ベビーブーム期の1971年に2.16まで回復したが、1974年に2.05と再び人口置換水準（同年では2.11）を下回り、その後は低下傾向に転じた。これが日本における第2の人口転換である。2005年には、過去最低の1.26を記録している（**図5-2**参照）。

## 避妊と人工妊娠中絶

　日本では戦後、産児調節が一般化した。出生をコントロールする方法に

図 5-1 合計出生率の国際比較

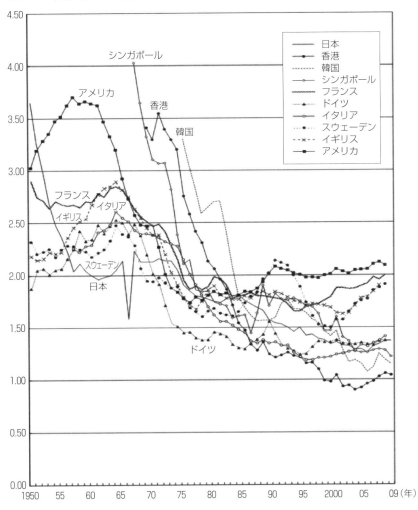

注：1) 1990年以前のドイツは、旧西ドイツの数値である。
　　2) 1981年以前のイギリスは、イングランド・ウェールズの数値である。
出所：厚生労働省「出生に関する統計」の概況（人口動態統計特殊報告）2010年から作成

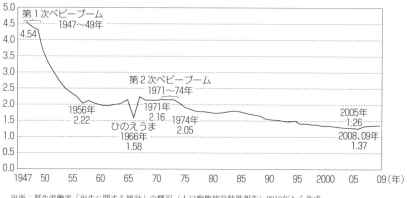

図5-2　日本の合計出生率（年次推移）

出所：厚生労働省「出生に関する統計」の概況（人口動態統計特殊報告）2010年から作成

は、性交を行っても妊娠しないようにする避妊と、人為的に流産または死産を起こして妊娠状態を終了させる人工妊娠中絶がある。現在の日本では避妊が主要な手段となっているが、優生保護法（1948年）によって合法的に人工妊娠中絶ができるようになって以降の数年間は、人工妊娠中絶件数が急増したという経緯がある（**図5-3**参照）。1950年代には政府主導の家族計画運動が展開され、人工妊娠中絶が避妊に置き換わっていった（未成年に限っていえば、人工妊娠中絶件数は、1970年代半ばから上昇傾向をたどった）。かつて日本は中絶王国といわれたが、現在では諸外国と比べて中絶件数が多いとはいえない（**図5-4**参照）。

## 結婚と出産

　合計出生率の推移からはみえてこないが、出生に関する日本的特徴に婚外子（婚姻の外で生まれる子ども）の少なさがある（**表5-1**）。産まれる子どもの半分以上が婚外子であるスウェーデンやフランスとの非嫡出子割合の差は、あまりにも大きい。事実婚などの増加を反映して、日本でも出生総数に占める婚外子の割合はわずかに上昇傾向にある（1980年は

図5-3 人工妊娠中絶件数の推移

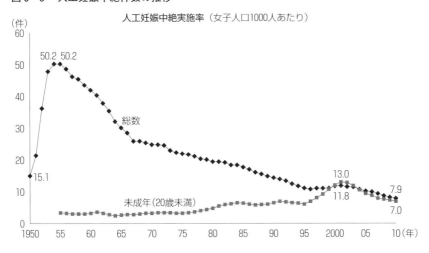

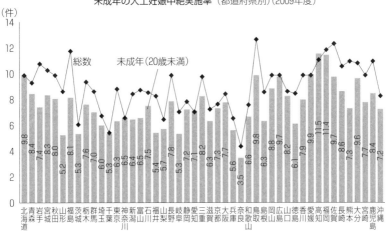

注：中絶（実施）率は、総数15～49歳の女子人口1000対、未成年は、15～19歳の女子人口1000対。
「母体保護統計報告」により報告を求めていた2001年までは暦年の数値であり、「衛生行政報告例」に統合された2002年からは年度の数値である。2010年度は、東日本大震災の影響により、福島県の相双保健福祉事務所管轄内の市町村が含まれていない。
出所：内閣府編『平成23年版 男女共同参画白書』2011年から作成

図5-4 人工妊娠中絶件数の国際比較

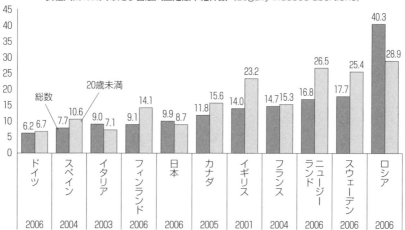

注：総数は15～49歳、20歳未満は15～19歳の女子人口1000対。フランスは2003年人口対比。
資料：UN, Demographic Yearbook 2006（対比人口は Demographic Yearbook 2003～05の場合も）
出所：厚生労働省「出生に関する統計」の概況（人口動態統計特殊報告）2010年から作成

表5-1 出生に占める嫡出でない子の割合の国際比較

| 国　名 | 最新年次 | 割合（％） |
|---|---|---|
| 日本 | 2009 | 2.1 |
| フランス* | 2008 | 52.6 |
| ドイツ* | 2008 | 32.1 |
| イタリア* | 2008 | 17.7 |
| スウェーデン* | 2008 | 54.7 |
| イギリス* | 2008 | 45.4 |
| アメリカ** | 2007 | 39.7 |

＊　Eurostat Statistics Database による。
＊＊　U.S. Department of Health and Human Services, National Vital Statistics Reports, Vol. 58, No. 24による。
出所：厚生労働省「出生に関する統計」の概況（人口動態統計特殊報告）2010年から作成

0.8％、2008年は2.1％。『厚生労働白書』2013年度版による）ものの、国際比較でみれば著しく低い状況にある。

　できちゃった婚（授かり婚）で生まれた子どもが嫡出第1子に占める割合の推移を見ると、1980年の12.6％から2000年の26.3％へと、20年間では

図 5-5　年齢別未婚率の推移

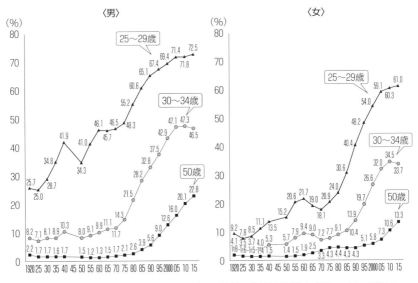

注：配偶者関係未詳を除く人口に占める構成比。50歳時の未婚率は「生涯未婚率」と呼ばれる（45～49歳と50～54歳未婚率の平均値）。2015年は抽出速報。
出所：内閣府編『平成28年版　男女共同参画白書』2016年から作成

ぼ2倍となっており、特に15～19歳の親の嫡出第1子のうち8割以上、20～24歳の親の嫡出第1子のうち約6割ができちゃった婚により生まれている（厚生労働省「人口動態調査特殊報告」2002年）。日本では「できちゃったから結婚する」、すなわち婚姻は出産の前提と考える人が多いのである。

　婚外子が例外的と考えられている日本では、未婚率の上昇が出生率の低下に直結する。年齢別の未婚率の推移（図5-5）をみると、男女ともにここ数十年で大きく上昇していることがわかる。

## 日本的雇用

　結婚や出産をめぐる価値観の日本的特質は、大企業男性正規労働者を対象に高度経済成長期を通じて定着した日本的雇用（終身雇用・年功賃金・

企業別労働組合）の成立とも関係がある。安定した雇用が保障されることは望ましいが、日本的雇用はその対象が限定されていることで、男性と女性、あるいは正規と非正規の間の雇用格差を招くことになった。転勤や長時間労働を強いられることが多い日本的雇用は、家庭責任を担う専業主婦がいることを前提としているところがある。日本的雇用が定着する過程は、有業者の夫と無業者の妻、そして子どもが2人という家族形態の定着する過程でもあり、それを支える性別役割分業、良妻賢母、三歳児神話といった社会規範が覆されるのは1990年代に至ってからのことであった。

## 出生動向基本調査

国立社会保障・人口問題研究所は、他の公的統計では把握することのできない結婚や夫婦の出生力に関するデータの収集を目的として出生動向基本調査を実施している（1940年に第1回が実施され、戦後の1952年に第2回調査が実施されて以降、ほぼ5年おきに実施されている）。

2015年調査の「集計結果のポイント」は以下のとおりである。

【独身者調査】
・いずれは結婚しようと考える未婚者の割合は、男性85.7％（前回86.3％）、女性89.3％（同89.4％）で、依然として高い水準にある。
・異性の交際相手をもたない未婚者は引き続き増加し、男性69.8％（前回61.4％）、女性59.1％（同49.5％）となった。

【夫婦調査】
・夫婦の完結出生児数（最終的な出生子ども数の平均値）は、前回調査に引き続き2人を下回った（前回1.96→1.94人）。
・半数を超える夫婦が2人の子どもを生んでいる一方で（54.1％）、子ども1人の夫婦が増加している（18.6％）。
・第1子出産前後の妻の就業継続率は、これまで4割前後で推移してきたが、2010～14年では53.1％へと上昇した。

【独身者・夫婦調査共通項目】
・未婚者の平均希望子ども数は、男女ともに低下し、男性では初めて2人を切った

（男性前回2.04→1.91人、女性同2.12→2.02人）。
- 夫婦の平均理想子ども数、平均予定子ども数はいずれも低下し、過去最低となった（理想子ども数前回2.42→2.32人、予定子ども数同2.07→2.01人）。
- 夫婦の予定子ども数が理想子ども数を下回る理由として最も多いのは、依然として「子育てや教育にお金がかかりすぎる」（56.3％）、次いで「高年齢で生むのはいやだから」（39.8％）。

独身者調査の「いずれは結婚しようと考える未婚者の割合」の高さから、意欲はあるのに結婚に至らないという現実が浮かび上がる。意欲はあるのに結婚、出産に至らないというこの歪みが、結婚・妊娠・出産・子育て支援を講じる根拠となる。

◀コラム❺　妊娠適齢期▶

　結婚するのに適切とされる年齢範囲のことをさす結婚適齢期という言葉は、死語になったともいわれる。一方で、新たによく耳にするようになったのが妊娠適齢期（ないしは出産適齢期）である。この言葉は、結婚する・しない、子どもをもつ・もたないをめぐる意思決定はもちろん個人の自由だが、妊娠、出産には期限があるということをさしている。個人差があるので一概にはいえないが、女性であれば30代半ばから40代半ばまでにその限界を迎える人が多い。
　「卵子は老化する」というフレーズが注目を集めるひとつのきっかけとなったのが、「産みたいのに産めない―卵子老化の衝撃」というテーマで放送されたNHKの番組であった。2012年2月14日放送のクローズアップ現代と2012年6月23日放送のNHKスペシャルは、「卵子は年齢とともに年を重ね、35歳の女性が出産できる可能性は20歳代の半分になる」という事実を知らないまま出産を先送りしたことへの後悔や、不妊の原因が男性側にあるケースがあるにもかかわらず夫が検査を受けたがらないケースなど、産みたいのに産めないという不妊に悩む個人やカップルの悩みをクローズアップした。

　「若い人たちに、自分と同じ思いをして欲しくない」。取材に応じて頂いた方々が口をそろえておっしゃっていた言葉です。親にも、兄弟にも、友人にも打ち明けられない不妊治療。涙ながらにお話頂いた苦しみの声が、どうすれば多くの人の心に届くのか。悩み抜いた日々でした。
　また、アンケートで寄せて頂いた8000人を超える人々の声。一枚一枚に、壮絶な叫びが込められていました。番組スタッフで何度も読み返すうちに、不妊が急増する社会の背景、さらに夫の無関心によって広がる不妊の実態が浮かび上がってきました。
　卵子が、老化する。その事実を直視する番組は、ともすると多くの人を傷つけかねません。2月に同じテーマで放送した「クローズアップ現代」のときもそうでしたが、編集室では何度も議論を繰り返しました。
　「卵子の老化」を知らないことで、広がってしまう不妊。一方で、知っていたとしても簡単には妊娠・出産することができない、私たちの社会。「産みたいのに産めない」。そんな叫びを一つでも減らすことができるよう、卵子の老化について多くの人々が考える契機になれば幸いです。

　これは、NHKスペシャル「産みたいのに産めない」の番組ホームページに掲載されていた番組の作成にかかわったディレクターの言葉である。妊娠適齢期や出産適齢期という言葉は望ましくない表現のようにも思えるが、若い人たちが妊娠や出産について医学的に正しい知識を得ることの重要性を訴えている。

# 第6章　少子化対策の形成と展開

## 1.57ショック

　1990年に、前年1989年の合計出生率が1.57であったことがわかった。それは丙午（1966年）という特殊要因（「丙午生まれの女性は気性が激しく夫の命を縮めたり夫を食い殺したりする」という迷信があったこと）によって過去最低を記録した1.58を下回る数値であったことから「1.57ショック」と表現され、低い出生率を印象づけることになった。これを機に、政府は子どもを産み育てやすい環境づくりを重要な政策課題と位置づけるようになった。

## 待機児童問題と三歳児神話の否定

　少子化対策の大きな柱は、保育所の量的拡充である。共働きを希望する夫婦がそれを叶えることができないこと、特に女性が働きに出ることを阻む要因として保育所不足があることが認識されたからである。保育所に入所申し込みをしても入れない待機児童（保育所に入ることを希望し、実際に入る資格を有するにもかかわらず、種々の理由で入ることができない状態にある児童）の数は都市部に多いが、その数を減らすべく、国や自治体は保育所の増設などによって保育所定員の増加に努めてきた。しかしながら、これまで保育所への入所をあきらめていた児童の保護者が保育所の増設で新たに入所を希望するなど、潜在的待機児童の顕在化もあって、待機児童の解消には至っていないのが現状である。

保育政策を充実させるためには、「子どもが３歳になるまでは母親が子育てに専念すべきである」という社会規範の見直しが求められる。『厚生白書』（1998年度版）では、三歳児神話について「少なくとも合理的な根拠は認められない」という見解が示された。
　以下、表6-1に沿って、日本における少子化対策の経緯を説明しよう。

## エンゼルプラン

　最初の具体的な計画が、1994年に策定された「今後の子育て支援のための施策の基本的方向について」（エンゼルプラン）であり、保育サービスの充実を中心に今後10年間に取り組むべき基本的方向と重点施策を定めた計画であった。同時に保育所の量的拡大を柱とする「緊急保育対策等５か年事業」が策定され、1999年度を目標年次として保育サービスの充実が進められることになった。病児保育や延長保育サービス、さらには学童保育サービスの充実なども進められた。ここでは詳しく触れないが、病児保育や延長保育、学童保育サービスの充実といった取り組みもこれ以来推進されてきた。

　1999年には少子化対策推進関係閣僚会議において「少子化対策推進基本方針」が決定され、これに基づく重点施策の具体的実施計画として、「重点的に推進すべき少子化対策の具体的実施計画について」（新エンゼルプラン）が策定された。新エンゼルプランは、従来のエンゼルプランと緊急保育対策等５か年事業を見直したもので、2000年度から04年度までの計画であった。保育サービス関係だけでなく、雇用、母子保健・相談、教育などの事業も加えた幅広い内容となった。

## 次世代育成支援

　2002年に厚生労働省が策定した「少子化対策プラスワン」は、重要な転

表6-1　少子化対策の経緯

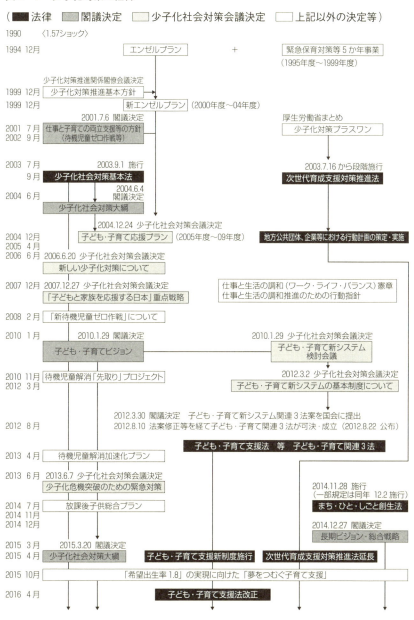

出所：内閣府編『平成28年版 少子化社会対策白書』2016年から作成

換点になった。それまでの保育サービスの充実を主眼とする取り組みから、「男性を含めた働き方の見直し」「地域における次世代支援」「社会保障における次世代支援」「子どもの社会性の向上や自立の促進」という4つの柱に沿った総合的な取り組みへと展開するきっかけとなったのである。

次世代育成支援対策推進法

　これを踏まえて、2003年には次世代を担う子どもを育成する家庭を社会全体で支援するために「次世代育成支援対策推進法」が制定された。同法により、地方自治体および事業主は、国が策定する行動計画策定指針に基づいて達成目標、実施内容、実施時期などを定めた行動計画を策定することが義務づけられた。当初2014年度末までの時限法として制定されたが、2014年に改正されて有効期限が10年間延長された。

少子化社会対策基本法と少子化社会対策大綱

　「次世代育成支援対策推進法」が成立した2003年は、「少子化社会対策基本法」も制定、施行された。この法律に基づいて、内閣府に内閣総理大臣を会長とし全閣僚によって構成される少子化社会対策会議が設置された。同法は少子化に対処するための施策の指針として、総合的かつ長期的な施策の大綱の策定を政府に義務づけており、2004年に子どもが健康に育つ社会、子どもを生み育てることに喜びを感じることができる社会をめざす「少子化社会対策大綱」が閣議決定された。

　2010年には、子どもと子育てを応援する社会をめざす少子化社会対策大綱「子ども・子育てビジョン」が、2015年には、個々人が結婚や子どもについての希望を実現できる社会をめざす新たな少子化社会対策大綱が策定されて今日に至っている。

子ども・子育て関連3法

　幼児期の学校教育・保育、地域の子ども・子育て支援を総合的に推進す

べく、2012年には「子ども・子育て支援法」「認定こども園法（一部改正）」「子ども・子育て支援法及び認定こども園法の一部改正法の施行に伴う関係法律の整備等に関する法律」（子ども・子育て関連3法）が整備された。

これらにより、必要とするすべての家庭が利用できる支援を用意することと、子どもたちがより豊かに育っていけるように支援することを定めた子ども・子育て支援新制度の立ち上げが決まった。

## 子ども・子育て支援新制度

2015年度にスタートした子ども・子育て支援新制度は、一連の保育サービス改革のひとつの到達点となった（**図6-1参照**）。1990年代から以下のような制度を設けて保育所不足の解消に重点をおいた取り組みが進められてきたのに対して、この制度では後述のような多様なニーズに応えることをめざしている。

　　自治体の認定保育所…自治体独自の設置基準を満たす保育所（横浜保育室：1997年～、東京認証保育所：2001年～）
　　預かり保育…………3歳以上の子どもを夕方まで預かる幼稚園（1998年～）
　　認定こども園………幼稚園と保育所の機能や特徴を合わせもち、地域の子育て支援も行う施設

子ども・子育て支援新制度の立ち上げに際しては、地域型保育事業（小規模保育〔利用定員6人以上19人以下〕、家庭的保育〔利用定員5人以下〕、居宅訪問型保育、事業所内保育）も立ち上げられた。現行の子ども・子育て支援新制度では、それまでと比べて保育サービスを利用する必要のある人が利用できる施設や事業の種類が増え（**表6-2参照**）、保育

図6-1 子ども・子育て支援新制度の体系

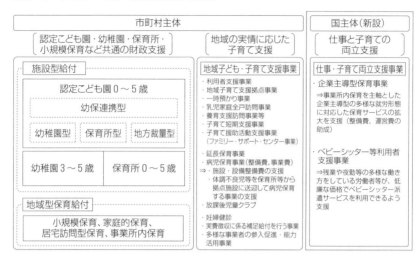

出所：内閣府編『平成27年度 少子化社会対策白書』2015年から作成

表6-2 子ども・子育て支援新制度における保育認定

|  | 認定区分 | | |
|---|---|---|---|
|  | 1号 | 2号 | 3号 |
| 子どもの年齢 | 3～5歳 | 3～5歳 | 0～2歳 |
| 保育の必要性 | なし | あり | あり |
| 利用できる施設・事業 | 幼稚園<br>認定こども園 | 認定こども園<br>保育所 | 認定こども園<br>保育所<br>地域型保育事業 |
| 利用できる時間 | 教育標準時間<br>（4時間程度） | フルタイム勤務<br>　保育標準時間（1日11時間まで）<br>パートや就学など<br>　保育短時間（1日8時間まで） | |

出所：内閣府編『平成27年度 少子化社会対策白書』2015年から作成

サービスの利用が必要と認められる認定基準も緩和された。以下のいずれかに該当すれば、保育が必要（2号または3号）と認定される。

・就労（フルタイム、パートタイム、夜間、居宅内の労働など、基本的にすべての就労を含む）→就労時間に応じて利用時間に制限あり
・妊娠、出産

・保護者の疾病、障害
・同居または長期入院等している親族の介護・看護
・災害復旧
・求職活動（起業準備を含む）
・就学（職業訓練や、資格取得のための専門学校等への就学を含む）
・虐待やDVのおそれがあること
・育児休業取得中に、すでに保育を利用している子どもがいて継続利用が必要であること
・その他、上記に類する状態として市区町村が認める場合

　子ども・子育て支援新制度は、幼稚園でも保育所でもない認定子ども園を増やしていくことで、幼稚園と保育所を一体化しようという動きを加速させることも目的の1つとして構想された。

## 幼稚園と託児所

　幼稚園と戦前は託児所と呼ばれた保育所の関係をめぐっては、戦前から議論が重ねられてきた経緯がある。そもそも家庭教育が多数派であった戦前の日本では、義務教育である小学校に通うまでに幼稚園や託児所に行くことは標準ではなかった。そのように家庭教育が中心であった時代に、幼稚園や託児所の普及は開始された。先に法的規定を得たのは幼稚園であり、1926年に出された幼稚園令は、幼稚園の目的を「幼児を保育してその心身を健全に発達せしめ善良なる性情を涵養し家庭教育を補う」と定めている。

　家庭で子どもを育てるのが一般的な社会状況のなかでは、子女を幼稚園に通わせるという選択をするのは比較的豊かな家庭に限られていた。一方、1920年代から30年代にかけて都市部では貧困家庭や共働きを余儀なくされる家庭のための託児所が、農村では農繁期託児所が普及をみた。その実態レベルでの機能分化を踏まえて、託児所は1938年に成立した社会事業

法で法的に規定された。幼稚園は教育、保育所は福祉という二元化が確定したのは戦後であるが、戦前には家庭教育を中心とする状況のなかで幼稚園と託児所の機能分化が進んだ。

## 幼稚園と保育所

戦後、1947年に幼稚園が学校教育法に規定される学校の1つとして、保育所は児童福祉法に規定される児童福祉施設の1つとして法的に位置づけられた。先の幼稚園令の中に「保育」という言葉がみられるように、幼児教育で提供される幼児教育サービスと保育所で提供される幼児保育サービスは重なる部分がある。そのことをめぐって文部省と厚生省との間で議論される機会は何度かあったものの、一体化ないしは一元化の具体的な議論には至らなかった。1995年から文部省と厚生省との間での話し合いと幼稚園で預かり保育を実施することについての検討が始まり、1998年から預かり保育が制度化された。これが先に説明した子ども・子育て支援新制度というかたちで一段落した幼保一体化（一元化）をめぐる動きの起点となった。

> ☞ **法的規定の変遷**（戦前から戦後へ）
> ▶児童保護事業（託児所、のち保育所）の法的規定
>  1938年 社会事業法 → 1946年 旧生活保護法 → 1947年 児童福祉法
> ▶幼稚園の法的規定
>  1926年 幼稚園令 → 1947年 学校教育法

## 幼児教育論から子育て支援論へ

1990年代に入って、幼児教育をめぐる議論は子どもの発達保障はどのようにあるべきかという視点から、就労と育児の両立保障をどのように実現するかという視点へと重点がシフトした。子育ては基本的に親や家族の責

務ではあるが、時代を担う子どもたちが健やかに生まれ育つ環境づくりは重要な政策課題であるとされた。発達保障は主に保育の〈質〉の保障を重視するのに対して、両立保障は待機児童の解消や多様な保育ニーズに応えるために保育の〈量〉の保障を重視とする。

1990年代以降の少子化対策は、どちらかといえば後者を優先してきたといえる。父母その他の保護者が子育てについての第一義的責任を有するという基本的認識のもとに、家庭における生活の安定に寄与するとともに、次代の社会を担う児童の健やかな成長に資するべく子育て支援の充実が図られているのである。

## 育児休業

表6-1にはないが、1991年に制度化された育児休業も少子化対策の重要な柱である。民間企業における育児休業は、1972年に成立した勤労婦人福祉法において育児休業など育児に関する便宜の供与が事業主の努力義務として規定されたことにはじまる。1986年に勤労婦人福祉法が男女雇用機会均等法に改められたときにも、事業主の努力義務のまま同法に盛り込まれた。

その後、育児休業を単独の法律として規定した育児休業法（現在の育児・介護休業法）が成立したのは1991年であった。同一事業主のもとで1年以上雇用されており、子どもが1歳になっても雇用されることが見込まれる場合、事業主に申請すれば子が1歳に達するまで育児休業を取得することができる（その後の改正で、父母ともに取得する場合や保育所に入れないといった一定要件を満たす場合は育児休業を延長することができるようになった）。短時間勤務や時間外労働・所定外労働・深夜業の免除、子の看護休暇、短時間勤務制度なども規定されている。

表6-3 児童手当の支給対象と手当額の変遷（2007年まで）

| | 支給対象 | 支給額 |
|---|---|---|
| 1971年 | 中学3年まで | 第3子以降：3千円 |
| 1974年 | 中学3年まで | 第3子以降：4千円 |
| 1975年 | 中学3年まで | 第3子以降：5千円 |
| 1985年 | 小学校入学まで | 第2子：2万5千円 |
| | | 第3子以降：5千円 |
| 1990年 | 3歳未満まで | 第1子、第2子：5千円 |
| | | 第3子以降：1万円 |
| 2000年 | 小学校入学まで | 第1子、第2子：5千円 |
| | | 第3子以降：1万円 |
| 2004年 | 小学校3年まで | 第1子、第2子：5千円 |
| | | 第3子以降：1万円 |
| 2006年 | 小学校6年まで | 第1子、第2子：5千円 |
| | | 第3子以降：1万円 |
| 2007年 | 小学校6年まで | 3歳未満：1万円 |
| | | 3歳以上の第1子、第2子：5千円 |
| | | 第3子以降：（3歳以上も）1万円 |

出所：厚生労働省雇用均等・児童家庭局「児童手当事業年報」（各年度版）から作成

## 児童手当

　子どものいる家庭を経済的に支援することで子育て支援の役割を果たす制度として、児童手当制度がある。1971年に成立した児童手当法は、児童手当支給の目的を「家庭における生活の安定に寄与するとともに、次代の社会をになう児童の健全な育成及び資質の向上に資する」と定めている。制度導入当初は多子家庭の防貧対策という意味合いが強く、支給対象は第3子以降であった。**表6-3**に示したように、1990年の改正で支給対象が第1子となるなど、その頃を境に少子化対策としての性格を強めてきた。2010年には子ども手当と改称するとともに、中学校終了前のすべての子どもに一律2万6千円を支給する、従来と違って所得制限のない普遍的給付

とするという画期的な改正がなされたが、2012年にはもとの名称である児童手当に戻され、支給額や対象年齢の見直しが行われた。新児童手当の支給水準は、0〜3歳未満が月額1万5000円、3歳〜小学校終了前の第1、2子は1万円、第3子は1万5000円、中学生は1万円である。支給には、所得制限がある。

## 子どもの貧困

　今日、児童家庭の貧困化がクローズアップされるようになった。少子化で絶対数が少なくなっている子どもが、それぞれの潜在能力を十分に発揮できる機会が与えられなければ、日本の活力はいよいよ衰退していく。その観点から、次世代育成支援が重点課題となっている。子どもの貧困が大人の貧困よりも問題であるのは、幼少時の経済的困窮が教育や就職など人生の選択肢を狭め、機会の不平等をもたらす要因になるからである。

　相対的貧困率（世帯収入から世帯全員に所得があるとみなして子どもを含む国民一人ひとりの所得を試算し、順に並べたとき、真ん中の人の半分の額に満たない相対的貧困者の全人口に占める比率）は1990年代半ば頃からおおむね上昇傾向にあり、現在の日本では「子どもの6人に1人が貧困のもとに暮らしている」ともいわれている。特に、ひとり親家庭の相対的貧困率は50％を超えている。

### ◀コラム❻ 第3次ベビーブーム▶

　第1次ベビーブームが起きた時期（1947～1949年）に生まれた世代を、団塊の世代という。1971～74年には第2次ベビーブームが起こり、その間に生まれた世代は団塊ジュニア世代と名づけられた。第2次ベビーブームの世代が第3次ベビーブームを生み出すことが期待されていた時期もあったが、第3次ベビーブームといえるほどの出生数の増加は起こらなかった。

　団塊ジュニア世代がすべて35歳となった翌年にあたる2010年12月9日付の日本経済新聞は、以下のように報じている。

　　第3次ベビーブームは望み薄？

　「団塊ジュニア世代」とも呼ばれる第2次ベビーブーム（1971～74年生）世代の女性が34歳までに産んだ子供の数が平均1.16人だったことが9日、厚生労働省が発表した人口動態統計特殊報告でわかった。

　同世代に続く75～79年生まれの女性が29歳までに産んだ数も1人以下と低迷。第1次、第2次と連鎖が続き、2000年前後の到来が期待されていた第3次ベビーブームは「訪れないことがほぼ確定した」（厚労省）。同省担当者は「今後社会に劇的な変化がない限りブームの再来は考えにくい」と分析している。調査によると、第2次ベビーブーム以降に生まれた女性の半数以上が30歳の時点で子供を産んでいない。割合も年々増加しており、昨年30歳になった女性では53.9％を占めた。

　30代での出産は第2次ベビーブーム世代も含めて増加傾向にあるが、少子化傾向は止まらない。例えば、74年生まれで昨年35歳の女性が、30～34歳の間に産んだのは0.45人で、その前の世代と比べわずかに上昇している。昨年39歳になった女性の場合は、35～39歳の間で0.2人と、同様に上昇に転じた。

　ただ、20代での出産の減少幅が大きく同省は「30代での増加では、20代での減少を補えなかった」とみる。

　この報道後に発表された2011年の合計出生率は、前年と横ばいの1.39であった。それに続く2012年は1.41、2013年は1.43、2014年は1.42、2015年は1.45と、ここ数年は1.4を超える水準が続いている。ここ数年の出生率の上昇傾向に大きく貢献したのは30代と40代前半の女性の出産の増加であり、そこに団塊ジュニア世代の出産も含まれている。出生数に占める30代の母親の数は増加傾向にあり、高齢出産といわれる35歳以上で初産を経験する人も少なくない。さらにいえば、卵子提供を認める流れのなかで、40代後半や50代に出産するケースもみられる。来なかった第3次ベビーブームの背後には、少子化だけでなく出産年齢の多様化という事情もある。

# 第7章 女性のライフスタイルの多様化

## 専業主婦

　専業主婦という言葉は日常的に使われているが、その歴史は浅い。というのは、戦前は農家や自営業の家庭が多かったため、妻は家族とともに家業を手伝うことが多かった。そこでは女性も家族従業者として、働いていたのである。また、戦前は今日のように家電製品もなく、子どもの数も多かったため家事・育児の負担も大きかった。

　戦後、男性労働者のサラリーマン化が進むなかで、妻が家業を手伝う必要が少なくなる過程で専業主婦化が進んだ。すでに触れたように、高度経済成長期を通じて「終身雇用」、「年功賃金」、「企業別組合」を特徴とする日本的雇用が定着し、企業に正社員として雇用される男性がその賃金で一家の生計を成り立たせることが一般的となった。女性の労働力率の推移を長期的に見ると、戦後は高水準（1950年代は50％台半ば）からはじまって、70年代まで低下した（最低記録は1975年の45.7％）のち、緩やかな上昇に転じている。図7−1をみても明らかなように、現在は共働き世帯が主流となっている。

## 女性の社会進出

　近年、女性の労働力率は上昇を続けてきた。しかしながら、年齢別労働力率をみると、出産・育児期にある人が多い30歳代に落ち込むM字型カーブを描いている（図7−2）。これは、出産・育児を機にいったん仕事

図7-1 専業主婦世帯と共働き世帯

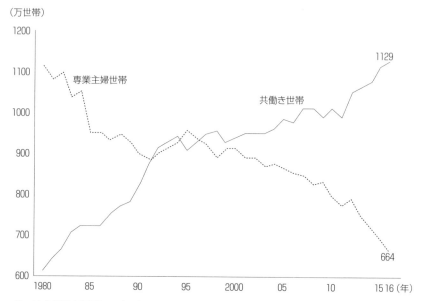

注：1）「専業主婦世帯」は、夫が非農林業雇用者で妻が非就業者（非労働力人口および完全失業者）の世帯。
　　2）「共働き世帯」は、夫婦ともに非農林業雇用者の世帯。
　　3）2011年は岩手県、宮城県および福島県を除く全国の結果。
（http://www.jil.go.jp/kokunai/statistics/timeseries/html/g0212.html（＝労働政策研究・研修機構ホームページ）、から引用。）
出所：厚生労働省「厚生労働白書」、内閣府「男女共同参画白書」（いずれも2014年版）、総務省「労働力調査（詳細集計）」（2002年以降）

を辞め、子育てが一段落してからパートで働きに出る女性が多いからである。国際比較でみると韓国は日本と似たような線を描いているが、それ以外の国に出産・育児期に限っての女性の労働力率の落ち込みはみられない（図7-3）。

## 男女雇用機会均等法

　1975年の国際婦人年以降、男女平等に向けての国際的な取り組みには目覚しいものがあった。1979年には女性差別撤廃条約が国連総会で採択され、日本は1985年にこれを批准した。この条約は締約国に対して女子に対

図7-2 男女別年齢別労働力率（1997年、2002年、2007年）

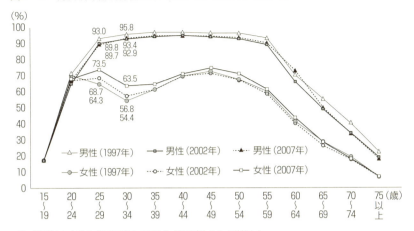

注：「総数」における「有業者数」の割合を「就業率」として計算した。
資料：総務省「就業構造基本調査」
出所：内閣府編『平成20年版 男女共同参画白書』2008年から作成

図7-3 女性の年齢別労働力率の国際比較

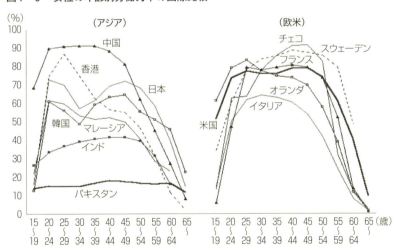

注：2000年、ただし中国1990、インド1991、パキスタン1997/1998のデータ
資料：世界の統計2003、2004（原資料はILO労働統計年鑑）
出所：内閣府編『平成20年版 男女共同参画白書』2008年から作成

するあらゆる形態の差別をなくして実質的な平等を実現するよう求めており、この条約を批准するためには雇用における男女差別全般を規制する法律が必要であった。そのため、1985年に男女雇用機会均等法が制定された。罰則規定はなく、法律の遵守は企業の努力義務に委ねられているといった効力についての問題はあったものの、意欲ある女性にとって男性と対等に働ける道が開かれた。その後、採用・昇進における男女差別の撤廃が努力義務から禁止へといった効力を強める数回の改正を経て今日に至っている。

## 女性の就業継続の難しさ

　出産・育児期を経て働き続けることを望むならば、それを支援する制度として重要なのが保育所と育児休業である。2015年度の女性の育児休業取得率は81.5％（男性は2.65％）であったが、出産前に退職した社員は育児休業取得率の分母には含まれない。働く女性の7割近くが出産を機に退職しており、出産前後の就労継続の難しさがうかがわれる。出産前後に妻がどのような就業状態であったかをみると、出産後も就業を継続する者の割合は24.0％から26.8％へと微増である。就業継続者のなかで産前産後休暇や育児休業を利用した者は増えているものの、出産前後で就業継続している女性の割合は、この20年間ほとんど変化がないということになる。多くの女性にとって就業と出産・子育ては二者択一となっているのである（図7-4参照）。

　この事実から、仕事と子育ての両立の厳しさが浮かび上がる。近年、日本では男性の家事参加や育児参加が課題として挙げられることからもわかるように、働きながら子どもを育てている女性には仕事、家事、育児、さらには介護の負担までがのしかかっているという問題がみえてくるのである。

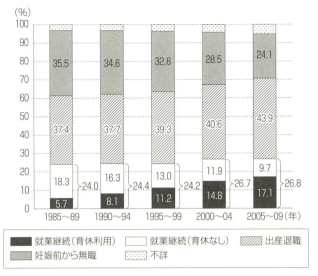

図7-4 子どもの出生年別、第1子出産前後の妻の就業経歴

凡例：就業継続（育休利用）／就業継続（育休なし）／出産退職／妊娠前から無職／不詳

注：1）対象は初婚同士の夫婦。
2）第12～14回調査の第1子が1歳以上15歳未満の夫婦を合わせて集計（客体数9973）

出所：国立社会保障・人口問題研究所「出生動向基本調査（結婚と出産に関する全国調査）（夫婦調査）」から作成

## パートから多様な正社員へ

このようなことから、結婚・出産を経験した女性はパートタイム労働を選択するケースがまだまだ多いのが実態である。1993年に制定されたパートタイム労働法では、パートタイム労働者を「一週間の所定労働時間が同一の事業場に雇用されている通常の労働者に比べ短い者」と定義している。一方、勤め先でパートと呼ばれているだけで、実際には労働時間が通常の労働者と違わない「パートタイム労働者」もいる。つまり、パートという言葉が、短時間労働者という意味ではなく、正社員ではない非正規労働者という意味で使われる場合が少なくないのである。この意味におけるパートは、正社員と同じくらい長時間働きながら、待遇は正社員と比べて

第7章　女性のライフスタイルの多様化

著しく低い。近年、正規と非正規の二極化を緩和する方法のひとつとして、「多様な正社員」を認めることが提案されている。職務、勤務地、労働時間などを限定した正社員のあり方を、労使双方にとって望ましいかたちで普及させる工夫が求められている。

## 女性活躍の推進

　男性と対等という意味での女性の社会進出は容易には進んでいないが、1985年の男女雇用機会均等法成立以来、就労環境を改善するための法律が整えられてきた。2015年には女性活躍推進法が制定された。

　同法の成立により、2016年4月1日から、女性活躍推進のための一般事業主行動計画の策定と厚生労働省への届出、従業員への周知・公表、さらには女性の職業選択に資する情報の定期的な公表が、企業に義務づけられた（従業員301人以上の企業は義務、300人以下の企業は努力義務）。一般事業主行動計画には、①採用者に占める女性の割合、②男女の継続勤務年数の差異の縮小の割合、③労働時間、④管理職に占める女性の割合について、数値目標を盛り込まなければならない。数値目標は一律的なものではなく、各企業が、「その事業における女性の職業生活における活躍に関する状況を把握し、女性の職業生活における活躍を推進するために改善すべき事情について分析した上で、その結果を勘案して」定めることとされている。

## ワークライフバランスの意識と実態

　専業主婦世帯が減少する過程で、「男性は職場で働き、女性は家庭を守る」といった性別役割分業意識をもつ人は少なくなかった。男女雇用機会均等法を起点に、職場における女性の活躍を支える環境も整備されてきた。結婚せずに仕事を続ける女性も珍しくなくなり、女性のライフコース

## 図7-5 希望するライフコース

ライフコースの説明：
　専業主婦コース＝結婚し子どもを持ち、結婚あるいは出産の機会に退職し、その後は仕事を持たない
　再　就　職コース＝結婚し子どもを持つが、結婚あるいは出産の機会にいったん退職し、子育て後に再び仕事を持つ
　両　　立　コース＝結婚し子どもを持つが、仕事も一生続ける
　DINKSコース＝結婚するが子どもは持たず、仕事を一生続ける
　非婚就業コース＝結婚せず、仕事を一生続ける

### 調査別にみた、女性の理想・予定のライフコース、男性がパートナーに望むライフコース

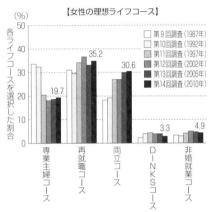

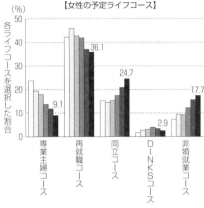

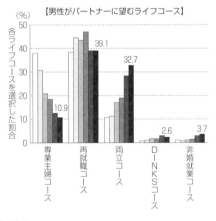

設問
**女性の理想ライフコース**：（第9〜10回調査）「現実の人生と切りはなして、あなたの理想とする人生はどのようなタイプですか」、（第11〜14回調査）「あなたの理想とする人生はどのようなタイプですか」。
**女性の予定ライフコース**：（第9〜10回調査）「これまでを振り返った上で、実際になりそうなあなたの人生はどのようなタイプですか」、（第11〜14回調査）「理想は理想として、実際になりそうなあなたの人生はどのようなタイプですか」。
**男性がパートナー（女性）に望むライフコース**：（第9〜12回調査）「女性にはどのようなタイプの人生を送ってほしいと思いますか」、（第13〜14回調査）「パートナー（あるいは妻）となる女性にはどのようなタイプの人生を送ってほしいと思いますか」。

注：対象は18〜34歳の未婚者。その他および不詳の割合は省略。
出所：国立社会保障・人口問題研究所「第14回出生動向基本調査（独身者調査）」から作成

図7-6 男女間所定内給与格差の推移（男性の所定内給与額＝100）

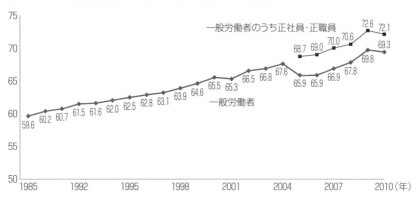

注：1）厚生労働省「賃金構造基本統計調査」より作成。
　　2）「一般労働者」は、常用労働者のうち、「短時間労働者」以外の者をいう。
　　3）「短時間労働者」は、常用労働者のうち、1日の所定内労働時間が一般の労働者よりも短い、または1日の所定労働時間が一般の労働者と同じでも、1週の所定労働日数が一般の労働者よりも少ない労働者をいう。
　　4）「正社員・正職員」とは、事業所で正社員、正職員とする者をいう。
　　5）所定内給与額の男女間格差は、男性の所定内給与額を100とした場合の女性の所定内給与額を算出している。
出所：内閣府男女共同参画局『平成23年版　男女共同参画白書』2011年から作成

はますます多様化している。図7-5をみると、2010年の調査では18～34歳の未婚女性の理想とするライフコースは、「再就職コース」（35.2％）の割合が最も高く、ついで「両立コース」（30.6％）となっている。また、実際になりそうだと思われるライフコースについても、「再就職コース」（36.1％）の割合が最も高く、ついで「両立コース」（24.7％）となっている。専業主婦コースについては、理想ライフコースでは19.7％だが、予定ライフコースでは9.1％となっており、結婚後も就業することを想定している人が多いことがわかる。また未婚男性が女性に望むコースをみても、「再就職コース」（39.1％）の割合が最も高く、ついで「両立コース」（32.7％）となっている。「専業主婦コース」（10.9％）の割合は低く、男性の共稼ぎ志向も増加傾向にあることがわかる。

一方で、男女の賃金格差（図7-6）や家事時間格差（図7-7）に関するデータを見る限り、市場労働と家事労働をめぐる男女間の非対称性は解

図7-7　主な行動の種類別生活時間：共働き夫婦のみ世帯の夫・妻（週全体、2006年）

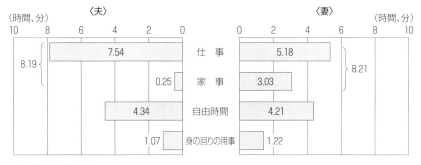

注：行動の種類の内容
・「仕事」時間＝「仕事」＋「通勤・通学」の時間
・「家事」時間＝「家事」＋「買い物」の時間
・「自由時間」＝「テレビ・ラジオ・新聞・雑誌」＋「休養・くつろぎ」＋「趣味・娯楽」＋「スポーツ」＋「交際・付き合い」の時間
出所：総務省統計局「2006年社会生活基本調査結果」から作成

消されていない。市場労働が男性に偏り、家事労働が女性に偏っているのである。しかし、この問題は総合職の男性型の働き方に女性を接近させることで解決するものではない。この問題をめぐって提起されたのが、ワークライフバランスや男女の働き方改革である。性別に関係なく個性と能力を十分に発揮できる社会を実現するためには、家事労働の負担を負っていない男性中心の職場で当然とみなされてきた長時間労働や画一的な働き方の見直しこそが求められている。

◀コラム❼ 均等法第一世代▶

　採用や配置、昇進、定年など、雇用管理全般で性別を理由にした差別的取り扱いを禁止する男女雇用機会均等法の施行（1986年）によって、それまでの企業が採用していた男女別雇用管理が、主要業務を担う総合職と補助的な仕事をする一般職のコース別雇用管理に変わっていった。様々なキャリアを積み、将来の幹部候補生として総合職で採用される道が女性にも開かれたのである。コース別雇用管理がスタートした直後に採用された女性たちは、しばしば均等法第一世代と呼ばれる。

　均等法の成立から30年目にあたる2015年に共同通信社が行った調査（各業界の主要な企業約100社に実施したアンケートに回答した28社の約1000人のデータをもとに分析）によると、均等法の施行直後に大手企業の基幹業務を担う幹部候補生として入社した女性総合職のうち、2015年10月時点で約80％がすでに退職している。

　一方、2004年に内閣府男女共同参画局が行った調査（一部上場企業に1986年～90年に総合職として採用され、今も就業し続けている均等法第一世代を対象とする男女共同参画社会の将来像についてのアンケート）に回答した均等法第一世代の女性の属性をみると、91人中既婚者が46人（50.5％）、未婚者が38人（41.8％）である。また、91人中子どもがいない者は64人（70.3％）に上っている。「仕事を継続する上で最も大変だったこと」という質問については、結婚している人は「子どもの保育」（21.7％）、「ロールモデルの不在」（15.2％）という回答が多く、未婚の人は「ロールモデルの不在」（23.7％）が最も多い。「仕事を継続できた理由として最も重要だったこと」については、既婚者は「夫の理解・協力」（32.6％）、「子どもがいなかった」（17.4％）と回答した人が多く、未婚者は「独身であったこと」（50.0％）が多かった。2020年頃に想定される雇用・就労の状況について、「募集・採用において年齢を問われることが少なくなり、女性の再就職が容易になっている」という見通しについての均等法第一世代の女性の肯定的な回答は33.0％と低く、「女性管理職が増えること等により男女間賃金格差は格段に小さくなっている」という予測に関する肯定的な回答も50.5％にとどまった。また、2020年頃には「２割以上の男性が育児休業をとるようになる」と予想する回答も15.4％に過ぎず、均等法第一世代は男女共同参画に関連する未来の雇用環境について厳しい見方をしているのが印象的だ。

　これらの調査結果は、均等法第一世代が仕事を続けていくうえで彼女たちに立ちはだかった壁の高さを物語っている。

# 第8章 原点としての母性保護論争

## 仕事と子育てをめぐる論争

　仕事と子育ての両立が議論されるようになって久しい。それは少子化問題を契機とするものであり、子どもを産み育てながらキャリアを継続することが可能な社会の実現がめざされている。ところが、現実は矛盾だらけである。例えば、女性活躍がいわれる一方で、待機児童問題が深刻化している。このような状況をみる限り、女性が仕事と子育てをのびのびと両立できる状況には残念ながら至っていない。

　ところで、仕事と子育てをめぐる論争の歴史を遡ると、1918年から19年にかけて展開された母性保護論争に行き着く。平塚らいてうは、女性は母になることで社会的存在になるのだから、国家は出産・育児期の女性を保護すべきだと論じた。それに対して与謝野晶子は、国家の保護に隷属することは個人の自由を放棄することだと反論し、女性も働いて経済的に独立したうえで子どもを産み育てるべきだと主張したのである。

　今日ふうにいえば、らいてうが児童手当の拡充を主張したのに対して、晶子は女性活躍の推進を説いていたことになる。ただし、らいてうは仕事と子育ての両立については論じなかったし、晶子は晶子で政府の子育て支援には否定的だった。しかし今日では、女性が働きながら子どもを産み育てるためにこそ、国家の保護、すなわち強力な子育て支援が求められているのだといえよう。

## 女性運動の源流

　母性保護論争の主役となった女性論客が登場したのは、1910年代のことである。1911年に、平塚らいてうによって女流文芸誌『青鞜』が立ち上げられ、1916年に廃刊となるまで発行が続けられた。『みだれ髪』の出版などによって名をあげていた与謝野晶子の詩が創刊号の巻頭を飾るなど、女流作家の後押しもあって、青鞜を拠点とする女流文学運動が産声を上げた。文芸誌とはいえ、『青鞜』は西洋思想を積極的に導入しようという方針で編まれたので、翻訳して掲載されたのは文学作品にとどまらなかった。エレン・ケイをはじめとする社会思想の紹介もなされたことで、『青鞜』は女性運動の拠点としての性格を強めた。1915年に伊藤野枝の個人主宰誌となった頃には、女性の自立、貞操、堕胎、公娼問題などが次々に提起されるに至った。

## 与謝野晶子の母性中心主義批判

　このような動向のなかから生起した母性保護論争は、与謝野晶子の「女子の徹底した独立」（『婦人公論』1918年3月）にはじまったとされているが、それより先行する「母性偏重を排す」（『太陽』1916年2月）で重要な問題提起を行っている。

　この文章で晶子は、当時日本に導入されたレフ・トルストイの男には男の、女には女の決められた本務があるとする主張や、エレン・ケイが女の生活の中心要素は母になることであるとする主張を退ける立場をとり、子どもを産み育てることの重要性は認めつつも、女性の人生のなかでなぜ母になることばかりを中心要素としなければならないのかと問いかけた。この文章のなかで、晶子はトルストイやケイらの影響を受けた母性中心主義を批判した。「母性偏重を排す」（1918年）の一部を、以下に掲げておこう。

### 👉 与謝野晶子「母性偏重を排す」（一部抜粋）

　トルストイ翁に従えば、女は自身の上に必然に置かれている使命、即ち労働に適した子供を出来るだけ沢山生んでこれを哺育しかつ教育することの天賦の使命に自己を捧げねばならぬと教えられ、またエレン・ケイ女史に従っても女の生活の中心要素は母となることであると説かれる。そうしてトルストイ翁では男の労働に対してする余力ある女の助力が非常に貴いものであるとして許容せられるに反し、ケイ女史では女が男と共にする労働を女自身の天賦の制限を越えた権利の濫用だとして排斥せられる相異がある。またトルストイ翁では男女の生活の形式は異っていても一般の天賦においては全く平等であると見られるのに反し、ケイ女史では自然が不平等に作った男女の生活を人間が平等にしようとするのは放縦であると見られる相異がある。しかし体的労働と心的労働が男に属する天賦の使命であって、女にはそれが第二義の事件であるという思想は二家共に一致している。

　こういう二家の主張と、これを継承し、または期せずしてこれと同調の思想を述べる主張が世にいう母性中心説である。私はこの説に対して疑惑がある。

　誤解を惹かないために予め断って置く。私は母たることを拒みもしなければ悔いもしない、むしろ私が母としての私をも実現し得たことにそれ相応の満足を実感している。誇示していうのでなく、私の上に現存している真実をありのままに語る態度で私はこれを述べる。私は一人または二人の子供を生み、育て、かつ教えている婦人たちに比べてそれ以上の母たる労苦を経験している。この事実は、ここに書こうとする私の感想が母の権利を棄て、もしくは母の義務から逃れようとする手前勝手から出発していないことを証明するであろう。

……中略……

　私は沢山子供を生みかつ育てている。そうして多年の経験から、子供は両親が揃っていてこそ完全に育つものであることや、子供を乳母、女中、保姆、里親などに任せるのは太抵の場合両親の罪悪であり、子供の一大不幸であることを切実に感じている。トルストイ翁もケイ女史も何故か特に母性ばかりを子供のために尊重せられるけれど、子供を育てかつ教えるには父性の愛もまた母性の愛と同じ程度に必要である。殊に現在のようにまだ無智な母の多い時代には出来るだけ父性の協力がないと子供の受ける損害は多大である。母親だけが子供を育てることは良人が歿したとか、夫婦が別居しているとかいうやむをえざる事情の外は許しがたいことである。しかしこれくらい自分の子供の教育を重大に考えて取扱っている私さえ、前に述べたように母体としてのみは生きていない。私のように遅鈍な女の上にもそういう生き方を求めるのは甚だしい不自然である。まして無数の異った性情と異った境遇を備えている一切の女を母性中心の型に入れようとす

る主張は肯定することが出来ないように想われる。

　こういっても私は、健康な婦人が良人との間に少くも一人の子供を養い得るだけの経済的自活力を持ちながら、容貌の美を失ったり、産褥の苦痛に逡巡したり、性交の快楽を減じたりする理由から妊娠を厭い、または生児の養育を他人に託するようなことを弁護する者では断じてない。その女の生活が絶対的母性中心から遠ざかっているという根拠からでなく、その女みずからがより好く生きるのに必要な誠実と、聡明と、勇気とを欠いているのが私には不満なからである。豊富な性情と健康な体質とを持った女は子供も産むがよい、社会的事業にも従事するがよい、その他能うかぎり何事に向っても多々益々弁じて欲しいと私は思っている。また私はその女の生活として価値が乏しいので避け得られる限り避けた方が好く、そうして避けようとすれば避けることが出来た過度の労働を避けなかったために自分の体力を弱くし、妊娠不能となり、または虚弱不具な子供を生むような女に対しても、同じ理由から不満である。しかし、学者、女権論者、女優、芸術家、教育家、看護婦等に従事している婦人の内の或人たちが、その道とその職業とに忠実であり、熱心であるために結婚を避け、従って母性の権利と義務を履行しないのは、男の側のそれらの道と職業を以て人類の幸福の増加に熱中している人たちの中の或人が一生娶らずかつ父とならないのと同じく、全くその婦人たちの自由に任すべきものであると私には考えられる。そういう婦人たちに対してケイ女史のように一概に「絶対の手前勝手」を以て攻撃するのは酷である。

## 主婦論争

　戦後の女性の生き方をめぐる論争は、主に勤労女性の側から専業主婦という生き方に批判がむけられることで繰り返されてきた。戦後の主婦論争における代表的論考を以下に掲げる。1955年に始まって以来、決着がつかないまま第二次、第三次と繰り返されてきた。その起点が、石垣綾子の「主婦という第二職業論」（1955年）であった。石垣は、女は主婦という第２の職業がいつでも頭のなかにあるから、第１の職業である職場から逃げ腰になっていると批判し、女は職場という第１の職業と主婦という第２の職業を兼ねていかなければならないと説いた。石垣の論考に始まる論争は第一次主婦論争と呼ばれた。

1960年には磯野富士子が「婦人解放論の混迷」のなかで、妻の家事労働が夫の労働力の再生産につながるとみる家事労働価値説を提起し、女性にとって賃労働者になることが解放ではないと主張した。この説を契機とする論争は第二次主婦論争と呼ばれている。さらに、1972年には武田京子が「主婦こそ解放された人間像」のなかで、生産労働に価値を見いだす生き方よりも、自由で人間的な生活をしている主婦の生き方に価値を求めた。この問題提起を契機とする論争は第三次主婦論争と呼ばれている。

　　☞　**主婦論争**
　　▶第一次主婦論争
　　　石垣綾子「主婦という第二職業論」『婦人公論』1955年2月号
　　　坂西志保「『主婦第二職業論』の盲点」『婦人公論』1955年4月号
　　　清水慶子「主婦の時代は始まった」『婦人公論』1955年4月号
　　　嶋津千利世「家事労働は主婦の天職ではない」『婦人公論』1955年6月号
　　　福田恆存「誤れる女性解放論」『婦人公論』1955年7月号
　　　石垣綾子「女性解放を阻むもの」『婦人公論』1955年8月号
　　　田中寿美子「主婦論争とアメリカの女性―主婦第二職業論によせて」『婦人公論』1955年10月号
　　　平塚らいてう「主婦解放論―石垣、福田両氏の婦人論をめぐって」『婦人公論』1955年10月号
　　　関島久雄「経営者としての自信をもて―主婦は第一職業である」『婦人公論』1956年9月号
　　　大熊信行「家族の本質と経済」『婦人公論』1956年10月号
　　　梅棹忠夫「女と文明―女房関白の時代が来つつあるのだろうか」『婦人公論』1957年5月号
　　　大熊信行「主婦の思想」『婦人公論』1957年6月号
　　　邱永漢「男女分業論」『婦人公論』1957年10月号
　　　丸岡秀子「夫妻共存論」『婦人公論』1957年10月号
　　　都留重人「現代主婦論」『婦人公論』1959年5月号
　　　梅棹忠夫「妻無用論」『婦人公論』1959年6月号
　　　梅棹忠夫「母という名の切り札」『婦人公論』1959年9月号
　　▶第二次主婦論争
　　　磯野富士子「婦人解放論の混迷―婦人週間にあたっての提言」『朝日ジャーナル』1960年4月10日号
　　　水田珠枝「主婦労働の値段―わたしは"主婦年金制"を提案する」『朝日ジャーナル』1960年9月25日号

渡辺多恵子「労働者と母親・主婦運動」『学習の友』1960年10月号
畠山芳雄「主婦経営者論」『婦人公論』1960年10月号
高木督夫「婦人労働における労働婦人と家庭婦人」『思想』1960年12月号
磯野富士子「再び主婦労働について」『思想の科学』1961年2月号
和田照子「主婦意識からの脱出―夫―婦と女性解放」『朝日ジャーナル』1961年4月9日号
毛利明子「『労働力の価値』と主婦労働―"出稼ぎ賃金"構造のなかで」『朝日ジャーナル』1961年4月9日号
朝日ジャーナル編集部「磯野論文をめぐって」『朝日ジャーナル』1961年4月9日号

▶第三次主婦論争
武田京子「主婦こそ解放された人間像」『婦人公論』1972年4月号
林　郁「主婦はまだ未解放である―『主婦こそ解放された人間像』を批判する」『婦人公論』1972年5月号
伊藤雅子「主婦よ『幸せ』になるのはやめよう」『婦人公論』1972年6月号
村上益子「主婦の自由時間こそ問題―『主婦こそ解放された人間像』をめぐって」『婦人公論』1972年7月号
武田京子「ふたたび主婦の解放をめぐって」『婦人公論』1972年8月号
（参照：上野千鶴子編『主婦論争を読むⅠ・Ⅱ　全記録』勁草書房、1982年）

## 女性雑誌のなかの論争

　主婦論争の舞台は、『婦人公論』をはじめとする女性雑誌であった。『婦人公論』が創刊されたのは1916年のことである。「自由主義と女権の拡張をめざす」ことをコンセプトとする本誌の記事の見出しをみると、女性を取り巻く当時の世相が垣間見える。『中央公論』の姉妹誌として創刊されたこの雑誌は、ファッションや恋愛について取り上げる一方で、女性の権利や社会的役割に関する評論を積極的に掲載している。1918年の母性保護論争も1955年の主婦論争も同誌で繰り広げられた。これらの論争は、学術雑誌ではなく、女性を主な読者とする一般雑誌で展開されたのである。

## 政策が前提とする家族像

　繰り返される論争のなかで、女性の生き方をめぐる重要な論点が提起されてきた。しかしながら、少子化問題が政策課題として表面化するまでの日本では家事や子育てといった家族的責任が女性に偏っているといったことに対する問題提起が重視されることはなかった。1970年代に台頭した日本型福祉社会論では家族福祉に関心がむかったものの、女性の生き方や家族の多様性を十分に考慮するものではなかった。社会政策をめぐる議論でも、家庭生活の重要な支え手である専業主婦のいる標準家族とそれ以外といった区分が長きにわたってみられたのである。「1.57ショック」によって少子化問題がクローズアップされた1990年代以降は、社会政策が前提とする家族像の見直しが盛んに議論されるようになり、今日では多様な家族を想定した政策が展開されるようになった。

## 男女共同参画社会へ

　1999年には、男女共同参画社会基本法が制定された。同法の規定によれば、男女共同参画社会とは「男女が、社会の対等な構成員として、自らの意思によって社会のあらゆる分野における活動に参画する機会が確保され、もって男女が均等に政治的、経済的、社会的及び文化的利益を享受することができ、かつ、共に責任を担うべき社会」である。この考え方に基づく働き方の改革やポジティブアクションに対しては、就労を望まない女性を働かせようとしているとの批判や、女性を優遇する結果、同じ能力をもつ男性が差別されるとの批判もみられた。2015年には、女性が職業生活で活躍できる環境を整備することを目的とする女性活躍推進法が成立し、男性も女性も、意欲に応じてあらゆる分野で活躍できる社会の実現に向けた法制度の整備が進められている。

◀ コラム❽　文学に表現された出産 ▶

　与謝野晶子は、詩や文章で出産について表現することを憚らなかった。それはいわばタブーへの挑戦であった。三男・麟の出産について書かれた「産屋物語」(1909年)では、陣痛に襲われている時は男が憎いと述べる一方で、産声を聞いたときの喜びで心も体も溶けて行くと表現した。

　　私は産の気が附いて劇しい陣痛の襲うて来る度に、その時の感情を偽らずに申せば、いつも男が憎い気が致します。妻がこれ位苦んで生死の境に膏汗をかいて、全身の骨という骨が砕けるほどの思いで呻いているのに、良人は何の役にも助成にもならないではありませんか。この場合、世界のあらゆる男の方が来られても、私の真の味方になれる人は一人もない。命掛の場合にどうしても真の味方になれぬという男は、無始の世から定った女の仇ではないか。日頃の恋も情愛も一切女を裏切るための覆面であったか。かように思い詰めると唯もう男が憎いのです。

　　しかし児供が胎を出でて初声を挙げるのを聞くと、やれやれ自分は世界の男の何人もよう仕遂げない大手柄をした。女という者の役目を見事に果した。摩耶夫人もマリヤもこうして釈迦や基督を生み給うたのである、という気持になって、上もない歓喜の中に心も体も溶けて行く。丁度その時に痛みも薄らいでいますから、後の始末は産婆に頼んで置いて、疲労から来る眠に快く身を任せます。勿論男の憎い事などは産が済んだ一刹那に忘れてしまった自分は、世界でこの刹那に一大功績を建てたつもりですから、最早如何なる憎い者でも赦してやるといったような気分になります。

　　　　　　　　　　　　　　　　　（「産屋物語」から一部抜粋）

四女・宇智子の出産（と双子のもう一人は死産）について書かれた「産褥の記」(1911年)では、病院を刑場と重ねて産みの苦しみを伝えた。

　　産前から産後へかけて七八日間は全く一睡もしなかった。産前の二夜は横になると飛行機の様な形をした物がお腹から胸へ上る気がして、窒息する程呼吸が切ないので、真直に坐ったまま呻き呻き戸の隙間の白むのを待って居た。此前の双児の時とは妊娠して三月目から大分に苦しさが違う。上の方になって居る児は位置が悪いと森棟医学士が言われる。其児がわたしには飛行機の様な形に感ぜられるのである。わたしは腎臓炎を起して水腫みが全身に行き亘った。呼吸が日増に切迫して立つ事も寝る事も出来ない身になった。わたしは此飛行機の為に今度は取殺されるのだと覚悟して榊博士の病院へ送られた。生きて復かえらじと乗るわが車、刑場に似る病院の門。と云うのがわたしの実感であった。

　　　　　　　　　　　　　　　　　（「産褥の記」から一部抜粋）

# 第9章　少子高齢化と社会保障

## ゆがむ人口ピラミッド

　縦軸に年齢、横軸に男女別の人口数や人口割合をとったグラフである人口ピラミッドは、エジプトのピラミッドのような三角形を描くことからその名で呼ばれている。ところが、現在の日本を含む多くの先進諸国では、ピラミッド型が崩れている。先進諸国にみられるような出生数が少なく高齢者の人口が多い人口ピラミッドは、三角形ではない。人口ピラミッドの形が歪んでくると、これまでの人口ピラミッドだからこそ成立してきた制度の維持が難しくなる可能性がある。とりわけ人口の年齢別構成の影響を受けやすいのが、社会保障制度である。

　少子化をはじめとする人口現象は、社会を構成する人々の生き方をめぐる価値観の表れとみることができる。多様化する人々のライフコースにおける選択を、社会保障制度は支え続けられるだろうか。人口ピラミッドの歪みは、少子高齢社会における社会保障制度の機能をどのように維持、向上させるかという難しい問いを突きつけている。人口問題の転機は、社会保障の考え方をめぐる転機でもある。

## 公的扶助と社会保険

　社会保障には2つの源流がある。1つが公的扶助、もう1つが社会保険である。公的扶助はイギリスで始まった。1601年にエリザベス救貧法が制定され、第一次囲い込み運動で土地を奪われた貧しい農民を国王の恩恵で

救済しようとした。これが世界初の公的扶助とされ、富裕者には貧困対策の財源として救貧税が課せられた。もう1つの源流である社会保険はドイツで最初に制度化された。19世紀末に資本主義が発達したドイツでは、労働者が社会運動を起こすようになった。初代ドイツ帝国首相ビスマルクは、労働運動を弾圧する一方で、労使双方が負担する社会保険をはじめた。

## 社会保障

1935年には、アメリカで社会保障法が制定された。これが世界で最初にSocial Securityという言葉を用いた法律である。その後、1942年にはイギリスで「ベヴァリッジ報告」が発表された。全国民に最低限度の生活を保障するという福祉国家の理念を提唱したこの報告は、日本を含む各国の社会保障制度の確立に強い影響を与えることになった。ベヴァリッジ報告は、社会保険を中心とする社会保障制度の構想を描いたものである。

報告を貫く指導原理は、①局部的利益を超えて、将来のためにつぎはぎでない革命的改革を行うべきこと、②社会保険は社会進歩のための包括的な政策の一部を成すだけであり、追放されるべき5つの巨人（窮乏、疾病、無知、不潔、怠惰）とたたかうべきこと、③社会保障は国と個人の協力によって達成されるべきであり、ナショナルミニマムを決めるにあたっては個々人の自発的努力の余地を残すべきこと、であった。当時の社会保障の目的として「将来のため」「社会進歩のため」ということが強調されているのは、社会の進歩を志向する当時の人口論の潮流の表れである。

## 福祉国家

社会保障の充実と完全雇用の実現によって国民の生活を保障し、国民の福祉の増進を目標としている国家を福祉国家と呼ぶ。戦後、日本を含む多

くの国が福祉国家の実現を目標に掲げた。そのような状況下で、当初は各国が経済成長に伴って単線的に福祉国家を発展させていくとみる収斂理論が支配的であった。しかしながら、オイルショック以後の福祉国家の危機に対する各国の対応は一様ではなかった。そのことから、福祉国家の多様性に関心がもたれるようになった。日本の福祉国家は家族福祉に依存しがちであることを、多くの論者が指摘している。

## 憲法第25条と日本の社会保障

　日本で社会保障制度が体系的に整備されたのは戦後のことである。日本国憲法第25条は、生存権を保障することが国の責務だと規定している。憲法第25条に基づいて政府は社会保障制度の整備を進め、社会全体の責任として健康で文化的な最低限度の生活の保障に努めてきた。憲法第25条を受けて社会保障の概念を明示したのが、内閣総理大臣の諮問機関として1949年に設置された社会保障制度審議会による、1950年の社会保障制度に関する勧告であった。この勧告では、社会保障制度を以下のように規定している。

　「社会保障制度とは、疾病、負傷、分娩、廃疾、死亡、老齢、失業、多子その他困窮の原因に対し、保険的方法又は直接公の負担において経済保障の途を講じ、生活困窮に陥った者に対しては、国家扶助によって最低限度の生活を保障するとともに、公衆衛生及び社会福祉の向上を図り、もってすべての国民が文化的社会の成員たるに値する生活を営むことができるようにすることをいうのである。」

　この考え方を基本として発展してきた日本の社会保障制度の柱は、以下の４つである。

　社会保険：保険料を支払っておいて、必要になったときに給付を受ける
　公的扶助：生活困窮者に最低限度の生活を保障する

社会福祉：高齢者や障害者などに生活の保障をする
　公衆衛生：環境改善、予防衛生などによって国民の健康増進を図る

　少子高齢化とのかかわりで論じられることがとりわけ多いのは、社会保険である。日本には現在、医療保険、年金保険、雇用保険、労働者災害補償保険、介護保険の5つの制度がある。医療保険は病気などになったとき、年金保険は高齢などになったときに、あらかじめ支払っておいた保険料を財源として給付される。雇用保険は、失業者などに対して給付される。労働者災害補償保険は、労働上の災害に対して給付される。介護保険は、介護が必要だと認定された者に給付される。

## 社会保障給付費の増大

　一般に、高齢者のほうが若者より病気にかかりやすく、介護が必要になる可能性も高い。また、定年退職などによって収入も減る。とすれば、少子高齢化が進んで高齢者の割合が増えると、医療保険や年金などの社会保障に関する支出が増加するのは必然である。

　そのことを踏まえて、人口と社会保障給付費の推移を比べてみよう。**図9-1**は日本の人口の推移を示したものである。日本の総人口に占める15歳未満人口（若年人口）、15～64歳人口（生産年齢人口）、65歳以上人口（老年人口）の割合の推移をみると、65歳以上人口の割合は長期的に増加傾向にある。現在の日本の高齢化率（全人口に占める65歳以上の割合）は30％に近づきつつある。一般に、高齢化率が7％以上になった社会のことを「高齢化社会」、14％以上になった社会のことを「高齢社会」と呼ぶ。それをはるかに超える日本は「超高齢社会」である。一方で、15歳未満人口の割合は減少傾向にある。また、15～64歳人口の割合は1995年に最高に達し、それ以降は減少を続けている。

　次に年金、医療、介護などの経費である社会保障給付費の推移をみる

図9-1　日本の人口の推移

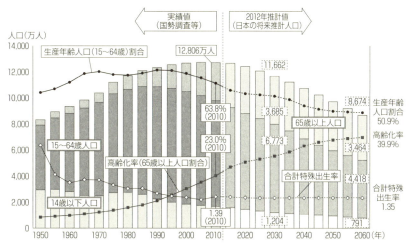

出所：厚生労働省『厚生労働白書』（2013年度版）から引用

と、65歳以上人口の割合の上昇にともなって増加している（図9-2）。今後も高齢者が増えることから、社会保障給付費のさらなる増大は避けられない。税金や社会保険料など社会保障財源の停滞が続くとすると、社会保障財政の赤字が拡大していくことになる。

## 世代間格差と損得論

　現在の日本における社会保障制度、とりわけ公的年金制度をめぐる議論で目立つのが損得論である。世代間格差がクローズアップされたことで損得論が広まったが、社会保障のそもそもの理念は損得ではなく全国民の連帯にあった。連帯の理念こそが、1961年の国民皆保険・皆年金体制の確立の背景にあったのである。すべての国民が公的な医療保険制度に加入することが義務づけられているから皆保険であり、20歳以上の国民は公的年金保険制度への加入を義務づけられている皆年金である。全国民の生活上のリスクを全国民で分かち合うという考え方に立つ日本の制度の場合、社会

図9-2 社会保障給付費の推移

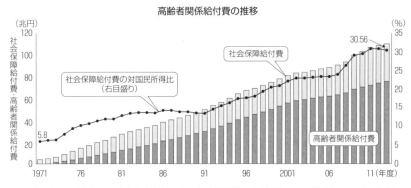

注：高齢者関係給付費とは、年金保険給付費、高齢者医療給付費、老人福祉サービス給付費および高年齢雇用継続給付費を合わせたものである。
出所：国立社会保障・人口問題研究所「2013年度社会保障費用統計」から作成

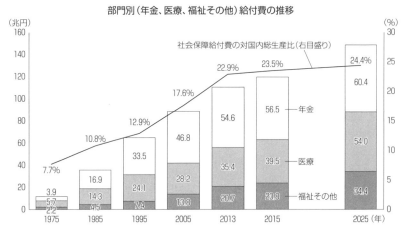

注：2013年度まで……「社会保障費用統計（2013年度）」
　　2015年度以降……「社会保障に係る費用の将来推計について《改訂後（2012年3月）》（給付の見直し）」
出所：国立社会保障・人口問題研究所「2013年度社会保障費用統計」から作成

保険の保険料はリスクの程度によるのではなく、基本的に所得などの支払い能力に応じたものとなっている。そうした助け合いの仕組みによって、保険の対象となる社会的事故に遭う可能性が高い人や収入の低い人でも継続して保険に加入し続け、必要な給付を受けられるようになっている。世

代間格差の問題を乗り越えて、助け合いの仕組みを維持するための改革が求められているといえよう。

## 全世代対応型の社会保障へ

2012年の社会保障と税の一体改革では、全世代対応型の社会保障制度の確立という基本方針が示された。改革が急がれている背景には、今後の人口推移の見通しがある。1947年から49年生まれの団塊の世代が2025年頃までに後期高齢者（75歳以上）に達することにより、介護・医療費など社会保障費の急増が懸念されることから、2025年問題という言葉が使われている。これまでの高齢化の問題は、高齢化の進展の速さの問題であったが、今後は高齢化率の高さが問題となる。国立社会保障・人口問題研究所によると、65歳以上人口の割合は2015年の26.7％から2060年には39.9％に達すると推計されている。75歳以上（後期高齢者）に限れば、12.9％から26.9％と2倍以上になる。前期高齢者と後期高齢者の比率は団塊世代が後期に到達しはじめる2020年に逆転し、以降は「高齢者の中でも75歳以上の人数のほうが多くなる」状況が継続することになる。このような見通しのなかで、高齢化への対応だけでなく、現役世代、さらには次世代への給付を充実させる方向へと社会保障の制度設計を転換することが求められている。とりわけ、少子化の緩和につながる子育て支援の充実が急務となっている。

◀ **コラム❾　社会連帯** ▶

　保険料を納めていくことで生涯にわたって安心して暮らしていけることに意義がおかれている公的年金制度は、もともと個人や世代の差による損得を論じる性質のものではない。にもかかわらず浮上した損得論は、富める者と貧しい者との関係とは異なる、世代間の格差を焦点化した。公的年金制度は負担（払った分）と給付（もらえる分）の計算がしやすいこともあって、保険料を負担している現役世代から年金受給者への所得移転に問題が見いだされたのである。この現象は、社会保障制度の存立の前提となっている社会連帯の精神を問い直すきっかけを与えている。

　1947年に施行された日本国憲法は、第25条で「すべて国民は、健康で文化的な最低限度の生活を営む権利を有する」、「国は、すべての生活部面について、社会福祉、社会保障及び公衆衛生の向上及び増進に努めなければならない」という、いわゆる生存権を規定した。

　それを受けて、社会保障の政策のみならず、理論的な研究にまで影響を及ぼす形で社会保障の概念を明示したのが、内閣総理大臣の諮問機関として1949年に設置された社会保障制度審議会による「社会保障制度に関する勧告」（1950年）であった。この勧告はいう。

　　いわゆる社会保障制度とは、疾病、負傷、分娩、廃疾、死亡、老齢、失業、多子その他困窮の原因に対し、保険的方法又は直接公の負担において経済保障の途を講じ、生活困窮に陥った者に対しては国家扶助によって最低限度を保障するとともに、公衆衛生および社会福祉の向上を図り、もってすべての国民が文化的社会の成員たるに値する生活を営むことができるようにすることをいうのである。

　　このような生活保障の責任は国家にある。国家はこれに対する綜合的企画をたて、これを政府および公共団体を通じて民主的能率的に実施しなければならない。この制度は、もちろん、すべての国民を対象とし、公平と機会均等とを原則としなくてはならぬ。またこれは健康と文化的な生活水準を維持する程度のものたらしめなければならない。そうして一方国家がこういう責任をとる以上は、他方国民もまたこれに応じ、社会連帯の精神に立って、それぞれその能力に応じてこの制度の維持と運用に必要な社会的義務を果さなければならない。

　世代間格差論や損得論を乗り越えて、「社会保障制度に関する勧告」（1950年）にみられる社会連帯の精神をどのように受けとめるかが問われているといえよう。

# 第10章　二極化する地域別人口と日本の未来

## 人口の地域別構成

　「日本の人口の推移」（**図9-1**）、「戦後日本における人口－厚生行政課題の推移」（**表4-1**）で示したように、1970年に日本の高齢化率は高齢化社会といわれる水準の7％を超え、1985年に10％台に突入して以降は加速度的に高齢化が進んだ。2025年頃には約3人に1人が高齢者、すなわち1人の高齢者を2人強の若者が支える時代を迎えることになる。この人口の年齢別構成上の課題とは別に、地域別構成上の課題がある。

　日本の総人口は減少過程に入っているが、2015年の国勢調査では前回の2010年調査よりも人口が増えた都県が8つある。それは、東京都、神奈川県、千葉県、埼玉県、愛知県、滋賀県、福岡県、沖縄県であり、最も増加率が大きいのは東京都であった。それ以外の道府県ではすべて減っているが、減少幅の最も小さかった大阪府と最も大きかった秋田県の差は大きい。**表10-1**は2040年の都道府県人口の見通しであり、その頃にはすべての都道府県で人口が減少すると見込まれている。

　日本の人口は現在減りはじめの段階にあるが、2020年代には年間60万人程度、2040年代に入ると年間100万人程度と減少が加速する見込みである。その間、地方からはじまった人口減少が都市部に広がるという過程をたどることが予想される。すでにいくつかの地方では人口減少により経済・社会機能の維持が課題となる一方で、その対極にあるのが東京都を中心とする首都圏である。このようにすでに、あるいは将来急速な人口減少が見込まれる地域の地方創生と、現状では人口が増え続けている東京一極

表10-1　2040年の都道府県人口見通し

| | 増減率見通し<br>（2010年比、％） | 総人口<br>（千人） |
|---|---|---|
| 秋　田 | −35.6 | 700 |
| 青　森 | −32.1 | 932 |
| 高　知 | −29.8 | 537 |
| 岩　手 | −29.5 | 938 |
| 山　形 | −28.5 | 836 |
| 和歌山 | −28.2 | 719 |
| 島　根 | −27.4 | 521 |
| 徳　島 | −27.3 | 571 |
| 福　島 | −26.8 | 1485 |
| 長　崎 | −26.5 | 1049 |
| 山　口 | −26.3 | 1070 |
| 鳥　取 | −25.1 | 441 |
| 愛　媛 | −24.9 | 1075 |
| 新　潟 | −24.6 | 1791 |
| 北海道 | −23.9 | 4190 |
| 富　山 | −23.0 | 841 |
| 鹿児島 | −23.0 | 1314 |
| 山　梨 | −22.8 | 666 |
| 長　野 | −22.8 | 1668 |
| 香　川 | −22.4 | 773 |
| 奈　良 | −21.7 | 1096 |
| 福　井 | −21.5 | 633 |
| 宮　崎 | −20.7 | 901 |
| 大　分 | −20.2 | 955 |
| 岐　阜 | −20.2 | 1660 |
| 佐　賀 | −20.0 | 680 |
| 静　岡 | −19.4 | 3035 |
| 熊　本 | −19.3 | 1467 |
| 群　馬 | −18.8 | 1630 |
| 三　重 | −18.7 | 1508 |
| 茨　城 | −18.4 | 2423 |
| 栃　木 | −18.1 | 1643 |
| 岡　山 | −17.2 | 1611 |
| 石　川 | −16.7 | 974 |
| 兵　庫 | −16.4 | 4674 |
| 広　島 | −16.4 | 2391 |
| 全国平均 | −16.2 | 107276 |
| 宮　城 | −16.0 | 1973 |
| 大　阪 | −15.9 | 7454 |
| 京　都 | −15.6 | 2224 |
| 千　葉 | −13.8 | 5358 |
| 福　岡 | −13.7 | 4379 |
| 埼　玉 | −12.4 | 6305 |
| 神奈川 | −7.8 | 8343 |
| 愛　知 | −7.5 | 6856 |
| 滋　賀 | −7.2 | 1309 |
| 東　京 | −6.5 | 12308 |
| 沖　縄 | −1.7 | 1369 |

出所：国立社会保障・人口問題研究所「日本の地域別将来推計人口（2013年3月推計）」から作成

集中の是正が政策課題となっている。2014年には、各地域がそれぞれの特徴を活かした自律的で持続的な社会を創生できるよう、「まち・ひと・しごと創生法」が制定され、人口の地域別構成の不均衡解消に向けた取り組みが本格化した（**表6-1**参照）。

### 過疎と過密

　このように述べると新しい問題のようだが、都市部の過密と地方の過疎が問題になったのはこれが初めてではない。1950年代半ば以降の高度経済成長期に重化学工業が発展し、農山漁村の中学や高校を卒業した若者たちが、就職のために集団で大都市に移住した。これにより、都市部では人口集中による過密問題が発生する一方、農山漁村では人口流出による過疎問題が発生した。人口があまりにも少なくなると、医療、教育、防災などの基礎的生活条件の確保に支障をきたし、その地域で暮らす住民の生活水準や生産機能の維持が困難になる地域が現れたのである。

このような問題を抱える地域の存続発展をはかるための過疎対策は、これまで「過疎地域対策緊急措置法」(1970～1979年度)、「過疎地域振興特別措置法」(1980～1989年度)、「過疎地域活性化特別措置法」(1990～1999年度)、「過疎地域自立促進特別措置法」(2000～2009年度) の4次にわたる10年の限時法として制定されてきた。2010年には「過疎地域自立促進特別措置法の一部を改正する法律」が施行された。それぞれの法律の概要は以下のとおりである。

過疎地域対策緊急措置法
　高度経済成長に伴って、都市地域に向けた大きな人口移動が起こり、農山漁村地域における急激な人口減少が進んだ。これを受けて、関係都道府県を中心に、地方公共団体から国に対して過疎対策の早期確立に向けた強い要望や陳情活動が行われ、過疎対策の立法化に至った。当初の過疎法は、著しい人口減少による地域社会の崩壊に対して、住民生活のナショナルミニマムを確保し、地域間の格差是正に資する措置を講じることにより、過度の人口減少の防止と地域社会の基盤強化を図るものであった。

過疎地域振興特別措置法
　第2次産業から第3次産業へと産業構造が高度化する過程で、日本経済全体は緩やかに成長を続け、技術進歩に伴う情報格差の是正が進んでいった。こうしたなかで、過疎地域においては基盤整備の遅れなどから経済発展の波に乗ることができず、基幹産業としていた第1次産業の衰退とともに、若者を中心にした人口流出によって地域社会の機能が低下しつつあった。そのため、生活水準および生産機能について、他の地域に比較して依然として低位にあることが過疎地域の課題として捉えられ、高齢化対策などに重点を移しながら地域の振興を支援する施策を講じることとされた。

過疎地域活性化特別措置法

　経済社会が成熟するなかで、各種基盤の整備は進展したものの、過疎地域住民の誇りや意欲の減退が問題となった。また、人口流出の結果として生じた著しい高齢化や若者の減少などにより地域社会の活力が失われた状態自体が問題として捉えられるに至った。こうした問題の克服も念頭に、産業経済振興対策に重点をおいて、伝統文化や自然環境などの地域資源による地域の活性化を支援する施策を講じることとされた。

過疎地域自立促進特別措置法

　過疎地域における安心・安全な暮らしの確保という考え方に加えて、多様で美しく風格ある国づくりへの寄与、国民が新しい生活様式を実現できる場としての役割、および長寿高齢社会の先駆けとしての役割など、21世紀における全国的な視野に立った過疎地域の新しい価値に着目する考え方が生じた。そこで、通信体系の充実や地域文化の振興など過疎地域の新たな課題への対処を盛り込みつつ、美しく風格ある国土の形成に寄与すべく、過疎地域がそれぞれの個性を自立的に発揮できるよう支援するための施策を講じることとされた。

## 地方創生

　このような過疎対策の枠組みとは別に、東京一極集中を是正し、地方の人口減少に歯止めをかけ、日本全体の活力を上げることを目的とする政策のキーワードとして登場したのが、地方創生である。
　「まち・ひと・しごと創生法」（2014年）と「改正地域再生法」（2016年）の成立によって、地域の活力の再生を総合的、効果的に進めることが新たな課題とされた。2005年に制定された当初の地域再生法は、当時の小泉内閣が掲げた「聖域なき構造改革」の切り札とされた、規制緩和の特例措置として実施された「構造改革特区」と、地域再生と雇用創出をねらいとし

た「地域再生推進プログラム」の取り組みを重点化したものであった。「まち・ひと・しごと創生法」の制定を契機とする再生から創生への方針転換によって、各地域が人口減少および人口構造の変化に的確に対応しつつ、それぞれの特徴を活かした自律的で持続的な社会をかたちづくることをめざすことになった。

## 希望出生率の提起

2016年の「ニッポン一億総活躍プラン」のなかで、希望出生率という概念が提起された。それは「国民の希望が叶った場合の出生率」のことであり、子育て支援を充実して希望出生率1.8（夫婦の意向や独身者の結婚希望等から算出：「希望出生率」＝ ｛既婚者割合×夫婦の予定子ども数＋未婚者割合×未婚結婚希望割合×理想子ども数｝×離別等効果）の実現をめざすこととされた。

現実には仕事や家庭の事情で子どもが産めなかった、あるいは第2子、第3子をあきらめたという人がいるため、「出産希望がかなった場合の出生率＞現実の出生率」という不等式が成り立っていることから、国民の結婚・妊娠・出産の希望をかなえることで現実の出生率を希望出生率に近づけることが唱えられた。若者が結婚して子どもを産み育てやすい環境を実現するため、地方創生の枠組みのなかにすべての政策を集約することとし、「地方創生は日本の創生であり、地方と東京圏がそれぞれの強みを活かし、日本全体を引っ張っていく」という新たな方針が立てられた。

## 出生率の地域格差

出生率を地域別にみると、例外はあるにせよ、大都市圏よりも地方のほうが高い（**表10-2**）。1970年から2015年にかけての変化率をみると、とりわけ東京圏における落ち込みが目立つ。都市部は未婚者が多いため出生率

表10-2　都道府県別の合計出生率（2014年・2015年）

|  | 1970年 | 2015年 | 変化率（％） |
|---|---|---|---|
| 埼　　玉 | 2.35 | 1.39 | −40.9 |
| 千　　葉 | 2.28 | 1.37 | −39.9 |
| 神 奈 川 | 2.23 | 1.39 | −37.7 |
| 青　　森 | 2.25 | 1.42 | −36.9 |
| 東　　京 | 1.96 | 1.24 | −36.7 |
| 大　　阪 | 2.17 | 1.38 | −36.4 |
| 茨　　城 | 2.30 | 1.48 | −35.7 |
| 宮　　城 | 2.06 | 1.36 | −34.0 |
| 京　　都 | 2.02 | 1.34 | −33.7 |
| 奈　　良 | 2.08 | 1.38 | −33.7 |
| 栃　　木 | 2.21 | 1.49 | −32.6 |
| 北 海 道 | 1.93 | 1.31 | −32.1 |
| 山　　梨 | 2.20 | 1.50 | −31.8 |
| 新　　潟 | 2.10 | 1.44 | −31.4 |
| 群　　馬 | 2.16 | 1.49 | −31.0 |
| 兵　　庫 | 2.12 | 1.47 | −30.7 |
| 岩　　手 | 2.11 | 1.49 | −29.4 |
| 愛　　知 | 2.19 | 1.56 | −28.8 |
| 長　　崎 | 2.33 | 1.66 | −28.8 |
| 秋　　田 | 1.88 | 1.35 | −28.2 |
| 静　　岡 | 2.12 | 1.54 | −27.4 |
| 和 歌 山 | 2.10 | 1.53 | −27.1 |
| 滋　　賀 | 2.19 | 1.60 | −26.9 |
| 福　　島 | 2.16 | 1.58 | −26.9 |
| 岐　　阜 | 2.12 | 1.56 | −26.4 |
| 石　　川 | 2.07 | 1.54 | −25.6 |
| 山　　形 | 1.98 | 1.48 | −25.3 |
| 長　　野 | 2.09 | 1.58 | −24.4 |
| 愛　　媛 | 2.02 | 1.53 | −24.3 |
| 岡　　山 | 2.03 | 1.54 | −24.1 |
| 三　　重 | 2.04 | 1.55 | −24.0 |
| 高　　知 | 1.97 | 1.50 | −23.9 |
| 鹿 児 島 | 2.21 | 1.70 | −23.1 |
| 佐　　賀 | 2.13 | 1.64 | −23.0 |
| 福　　井 | 2.10 | 1.62 | −22.9 |
| 広　　島 | 2.07 | 1.60 | −22.7 |
| 徳　　島 | 1.97 | 1.53 | −22.3 |
| 富　　山 | 1.94 | 1.51 | −22.2 |
| 福　　岡 | 1.95 | 1.52 | −22.1 |
| 宮　　崎 | 2.15 | 1.70 | −20.9 |
| 大　　分 | 1.97 | 1.59 | −19.3 |
| 山　　口 | 1.98 | 1.60 | −19.2 |
| 香　　川 | 1.97 | 1.63 | −17.3 |
| 鳥　　取 | 1.96 | 1.64 | −16.3 |
| 熊　　本 | 1.98 | 1.68 | −15.2 |
| 島　　根 | 2.02 | 1.78 | −11.9 |
| 沖　　縄 | … | 1.96 |  |
| 全　　国 | 2.13 | 1.45 | −31.9 |

出所：国立社会保障・人口問題研究所『人口統計資料集』2017年版から作成

が上がりにくいという要因もあるが、既婚者の出生率も高くない。都市部では待機児童や住環境の問題が深刻であり、子育て支援が十分に行き届いていないと考えられる。そうした状況を打開すべく、都市部における結婚・出産・子育ての環境改善に重点的に取り組むことが求められる。一方、地方では良好な雇用機会を創出することで若者が希望をもって暮らせる地域づくりに努める必要がある。

## 本格的な人口減少

さきにも触れたように、一部の都市では人口が増えているところもあって、人口減少の実感はまだ全国には共有されていない。しかしながら、今後しばらくは人口減少のペースが拡大する見込みである。これから10年間で日本の人口は700万人ほど減り、生産年齢人口（15〜64歳）が7000万人まで落ち込む一方で、老年人口（65歳以上）は3500万人を突破する。2025年には団塊世代が後期高齢者（75歳以上）となり、国民の3人に1人が65歳以上、5人に1人が75歳以上という超高齢社会を迎える。

こうしたなかで、高齢になってものびのびと活躍できる社会を作ることが求められている。例えば、多くの高齢者が仕事を続けられるように、賃金と年金支給の調整や職場の環境整備といった課題を解決していく必要があるといえよう。

## 外国人労働者かロボットか

人口減少による労働力不足が深刻化するなか、外国人労働者に対する期待が高まっている。現在すでに、専門的な知識や技術を有する外国人のほか、外国人技能実習制度で認められた技能実習生、留学生アルバイトなどが重要な労働力となっている。外国人労働者の数は年々増加しており、外国人材なしに需要に見合うだけの労働供給を維持できない現実に直面して

いる。

　一方で、最近ではロボットや人工知能の開発も進んでいる。ロボットや人工知能については人々から仕事を奪う危険性も指摘されているが、人口減少を埋め合わせて新たな経済成長をもたらす可能性もある。超高齢社会を迎えた日本は、諸外国に先駆けて様々な社会的課題の解決策を見いだす機会に恵まれているとも考えられる。

◀コラム❿　共生社会▶

　共生が政策のキーワードとなって久しい。日本では1980年代あたりから人間の社会を構成する異質なものが互いに助け合い、ともに生活することの重要性に目が向けられるようになった。当初、共生という概念は、主に障害者と健常者の共生をさしていた。障害者が地域社会に参加しながら健常者と同等の生活を享受する権利を実現すべきだ、という考え方を示したものである。

　その後、2016年には厚生労働省が「地域共生社会」という新しい地域福祉の概念を発表し、その実現に向けた検討をスタートした。地域共生社会は、「高齢者・障害者・子どもなどすべての人々が、一人ひとりの暮らしと生きがいを、ともに創り、高め合う社会」と定義されている。高齢者を地域で支えるための「地域包括ケアシステム」（医療、介護、予防、生活支援サービスを切れ目なく提供し、高齢者の地域生活を支援）を進化させて、困難をかかえるあらゆる人を地域で支えることが提案されている。

　共生という言葉は元来、異種の生物が共同して生活する状態をさすのに用いられた生物学の言葉であった。それが、人間社会における多様な人々が共に生きていくという意味で社会科学の文脈で用いられるようになったのである。その背景には、20世紀の社会において差別や排除を顕在化させた原因の1つである進化論や優生学の影響を受けた価値観を克服しようとする努力があった。

　ナチスドイツが行ったユダヤ人や障害者の大量虐殺、日本でも行われた障害者を対象とする強制不妊手術など、差別意識が支持する「よりよい命」を求める動きへの抵抗や反省から、共生社会の実現を求める声が強まった。優生社会を否定して共生社会の実現へという流れのなかに、今日の社会はあるといえよう。

# 終章　歴史のなかの人口問題

　近代以前まで遡ると、日本はこれまで4つの人口波動（大きな人口増加）を経験したとされている。

　第1の波：縄文時代
　第2の波：弥生時代
　第3の波：14・15世紀
　第4の波：19世紀から現代

　このように超長期の視点から人口の推移や庶民の生活変動をみる歴史人口学の専門家は、現在日本を含む多くの国が直面している人口減少局面は新しい時代への過渡期であるとみる。

　歴史人口学が成立したのは戦後に入ってからである。日本では、人口史研究と呼ばれていた人口状況や人口調査についての研究を踏まえて経済史研究に人口という要素を取り入れるところにはじまった。この新しい動きに火をつけたのが速水融であり、日本における歴史人口学のパイオニアとなった。

　歴史人口学者は、人口問題が存在しようがしまいが、様々な人口現象と経済の間にある関係を見いだすことに意義を認める。人口変動の説明において、経済や技術水準の発展よりも文化や価値、とりわけ結婚や出生、家族形成にかかわる慣行や社会規範の変化が重要であるとする。その立場は、例えば、人口現象が経済や社会、文化、環境などの変化と関連する総合現象であることや、それまで民俗学や人類学の研究対象とされてきた産

育習俗や衣食住といった人々の暮らしぶりを研究対象とすることを重視する。

　この立場から注目されるのは、伝統と近代の織り交ざった大正時代（1912～26年）である。この14年という短い期間に都市部で成立した大衆文化に、現在まで続く生活様式のルーツがある。教育が広まることによって女性も次第に自分の立場を考えるようになり、職業婦人として独立するという生き方もみられるようになった。それは現在、高学歴化や社会進出として語られる女性の生き方をめぐる変化の起点であり、新たな階級として台頭した中流階級を中心に産児調節思想が普及しはじめた。生殖をコントロールすることが一般化した現在に至る性と生殖をめぐる変化の原点は、大正期に求められる。

　実際、夫婦と子どもだけで構成される核家族は、1920年代の時点で都市部を中心に多くみられた。核家族の時代は、戦前にその土台が形成されていたのである。歴史人口学の知見は、さらに遡って、親と、結婚した子どもの家族などが同居する拡大家族からの脱却はすでに江戸時代に生じていたことを明らかにした。それを起点に、大正期に都市部への人口集中と連動して核家族の割合はゆるやかに増加していったのである。そこから有業者の夫と専業主婦の妻と子ども2人からなる標準家族の時代を経て今日に至るという長期の視点でみれば、家族計画の普及推進が皆婚と2人っ子として特徴づけられる標準家族の時代こそは特異だったという見方が可能となる。

　大正デモクラシーのキーワードでもあった文化生活を望む社会運動と家族形成に関する社会規範の固定化の結果として、社会が、また個人が少産良育をよしとする優生－優境の時代が到来した。この優生－優境思想の産物としての高齢化と人口減少、都市集中とどのように立ち向かうかが、次の時代への移行期を生きる私たちに問われている。

## 学びを深めるための文献案内

　日本における人口研究をリードしてきたのが、日本人口学会（1948年設立）と人口学研究会（1958年設立）である。前者は、公衆衛生と人口統計関係の研究者を中心とする組織としてスタートした。それに対して、舘稔と南亮三郎によって創設された後者は、社会科学系の研究者を中心とする組織としてスタートした。
　これらの組織の責任編集で編まれた刊行物のなかから、人口論について学びを深める役に立つと思われるものを紹介しておこう。

### 【事典・辞典】

**日本人口学会編『人口大事典』培風館、2002年**
　8つの内容（世界の人口—歴史と地理、世界と日本の人口問題、人口思想と人口学説、人口統計と人口分析、家族と人口再生産、地域人口と人口移動、人口の社会経済的諸側面、人口政策）で構成されている。

**平凡社編『人口大事典』日本図書センター、2013年**
　『人口大事典』（平凡社／1957年）の復刻版である。人口および人口問題に関する一切の事象、法則、学説、政策を系統的に集大成し、人口研究課題の体系化を試みている。

**人口学研究会編『現代人口辞典』原書房、2010年**
　官庁用語やマスコミ用語も取り入れて、人口学および諸関連科学の用語が五十音配列でわかりやすく説明している。

**日本人口学会編『人口学事典』丸善出版、近刊予定**
　人口学用語の定義あるいは概念規定、および内容・特質をわかりやすく解説している。

【人口学研究会の出版物：人口学ライブラリー（原書房）】

1 　大淵寛・高橋重郷編著『少子化の人口学』2004年
　　少子化を「出生力が人口の置換水準を持続的に下回っている状態」と定義し、少子化の実態、要因について分析している。要因については、人口学的側面だけでなく、社会経済的、文化的な側面からも考察されている。

2 　大淵寛・兼清弘之編著『少子化の社会経済学』2005年
　　少子化はなぜ問題なのかという観点から、少子化が引き起こす労働市場、社会保障、地域社会の諸問題について論じている。付論として、少子化に関する地方自治体調査の分析も収められている。

3 　大淵寛・阿藤誠編著『少子化の政策学』2005年
　　少子化は解消すべき問題であるとする立場から、出生率を人口置換水準まで回復するための方途を探っている。家族政策、経済政策、労働政策、住宅・都市・国土政策、教育政策、女性・ジェンダー政策、さらには、リプロダクティブ・ヘルス／ライツや生殖技術の問題にも触れている。

4 　河野稠果・吉田良生編著『国際人口移動の新時代』2006年
　　アメリカとメキシコ、ヨーロッパ諸国およびアジア諸国の国際人口移動の実態を示すデータをもとに、移民の流れを生み出す要因・仕組みを説明している。移民が受け入れ国、送り出し国の地域社会、経済に及ぼす影響を明らかにし、今後の移民政策の方向性を論じている。

5 　大淵寛・森岡仁編著『人口減少時代の日本経済』2006年
　　少子化が解消される可能性は低いという見通しのなかで、人口減少と消費、投資、労働、技術などの経済の諸要因の間に生ずる問題を多面的に分析し、人口減少がもたらす日本経済への様々な影響を説明している。

6 　阿藤誠・津谷典子編著『人口減少時代の日本社会』2007年
　　今後の日本が直面する超高齢化を伴う人口減少が、経済と社会保障以外の社会面（若者、家族形成、ジェンダー関係、高齢者、多文化共生、地方分権）でどのような影響を及ぼすかについて分析している。

7 　兼清弘之・安藏伸治編著『人口減少時代の社会保障』2008年
　　人口減少時代をどう乗りきるかをめぐって、社会保障に焦点を絞って論じてい

る。具体的に扱われているテーマは、年金、医療、次世代育成支援などである。女性の生き方が今後どのように変化するかという問題についても考察している。

8 　早瀬保子・大淵寛編著『世界主要国・地域の人口問題』2010年
最近の世界各地域（東アジア、東南アジア、南アジア、中東、アフリカ、ラテンアメリカ、北アメリカ、ヨーロッパ、ロシア）における、人口の現状と今後の動向、社会経済状況を明らかにしている。

9 　吉田良生・廣嶋清志編著『人口減少時代の地域政策』2011年
人口減少時代に入った日本の地域人口構造、地域間人口移動の特質を明らかにし、地域経済、地方財政などをめぐって地域社会の持続可能性について論じている。人口変動が地域社会に及ぼす影響とその解決策についても探っている。

10 　小崎敏男・牧野文夫編著『少子化と若者の就業行動』2012年
多様化している若者の就業行動と婚姻や出生をめぐる選択に焦点をあてて、それらが現在の人口減少とどのようにかかわっているかを明らかにしている。若者に対する教育現場での取り組みや政府の雇用政策についての評価も行っている。

11 　安藏伸治・小島宏編著『ミクロデータの計量人口学』2012年。
人口学教育において利用されるようになったミクロデータについて、各種テーマに沿って利用可能なデータを用いる分析方法を解説している。

12 　阿藤誠・佐藤龍三郎編著『世界の人口開発問題』2012年
世界の人口動向と国際社会の対応について、食料・資源・環境問題、貧困問題、リプロダクティブ・ヘルス／ライツ、移民問題などのテーマごとに論じている。人口と開発の持続可能な未来についての論点も提示されている。

13 　早瀬保子・小島宏編著『世界の宗教と人口』2013年
人口問題は宗教と密接にかかわっていることから、世界各国における宗教と人口変動（出生、死亡、国内移動、国際移動など）、宗教と政策（人的資源開発政策、ジェンダー政策、家族政策など）の関係について論じている。

14 　井上孝・渡辺真知子編著『首都圏の高齢化』2014年
首都圏の高齢化が今後どう展開するのかについて、多様な視点から分析している。地理的分布と人口移動の状況を明らかにし、郊外住宅団地や医療・介護の確保といった首都圏特有の問題を取り上げている。

15 小崎敏男・永瀬伸子編著『人口高齢化と労働政策』2014年
　　超高齢化に直面している日本社会における高齢者の就業問題について、年齢差別、年金財政、健康、教育訓練といった課題を明らかにしている。

16 髙橋重郷・大淵寛編著『人口減少と少子化対策』2015年
　　諸外国の出生率動向、少子化対策の変遷、未婚化と出生行動、結婚出産と女性就業、家族・労働政策などを総合的に分析し、今後の少子化政策のあるべき方向性について論じている。

17 佐藤龍三郎・金子隆一編著『ポスト人口転換期の日本』2016年
　　少子高齢化社会、人口減少時代などと呼ばれる日本の人口レジームの新しい位相をポスト人口転換期の到来と捉え直す新たな人口理論により、収縮する日本社会の諸問題を概説している。

なお、本書の論述はこれまで個別に発表してきた研究に基づいている。既刊の拙論も参照いただければ、幸いである。

# 事項索引 (太字の箇所は，本文中ほか注で詳しく解説)

### あ

預かり保育……75
新しい女……2
育児休業……79, 86
育児休業法……79
育児の社会化……57
1.57ショック……57, 71, 99
移民問題……38
産屋物語……100
衛生局……**34**
M字型カーブ……83
LGBT……4
エンゼルプラン……72

### か

外国人労働者……115
改正地域再生法……112
過　疎……110-112
家族計画……49, 50, 58, 64, 118
家族計画国際協力財団……**56**
家族政策……57
過疎地域活性化特別措置法……112
過疎地域自立促進特別措置法……112
過疎地域振興特別措置法……111
過疎地域対策緊急措置法……111
過　密……110
カミングアウト……4
完全雇用……23
完全失業率……13
季節的失業……14
希望出生率……113
共生社会……116
均等法第一世代……92
経済開発……51
結核予防法……33

結婚十訓……39
限界革命……**21**
憲法第25条……103, 108
後期高齢者……107, 115
公共職業安定所……13
公衆衛生院……47
構造的失業……14
公的扶助……101, 103
効用価値説……19
高齢化社会……104
高齢社会……104
高齢出産……82
国際家族計画連盟……**51**
国際人口開発会議……9, 17
国際人口問題議員懇談会……55, **56**
国際婦人年……61, 84
国際連合人口開発委員会……**8**, 17
国際連合人口基金……7, **8**, 55
国際連合人口部……**8**
国勢調査……**34**
国民皆保険・皆年金……105
国民体力法……27
国民優生法……15, 27, 40, 48
子殺し……16
子ども・子育て支援新制度……75-78
子ども・子育て支援法……75
子ども・子育てビジョン……74
子どもの貧困……81
米騒動……**33**

### さ

産業革命……19
三歳児神話……2, 68, 72
産児調節（制限）……22, 30, 49, 50, 60, 62
ジェンダー……**8**
次世代育成支援……81

次世代育成支援対策推進法……74
自然増加……**5**
児童虐待防止法……27
児童手当……80, 81
社会開発……51, 52
社会局……**35**
社会進化論……26
社会増加……**6**
社会保険……101, 103, 104
社会保障研究所……53, 54
社会保障制度審議会……52, 53
社会保障論……51
社会連帯……108
出生前診断……15, **16**
主婦論争……96, **97**, 98
需要不足失業……14
少子化社会対策大綱……74
少子化対策プラスワン……72
少年教護法……27
女性活躍推進法……88, 99
女性差別撤廃条約……84
新エンゼルプラン……72
人口学研究会……46
人口食糧問題調査会……34, 37, 39
人口政策確立要綱……39, **40**
『人口大事典』……46
人口置換水準……**11**, 62
人工知能……116
人口転換理論……10, **11**, 56
人工妊娠中絶……48, 50, 58, 64, 65
人口爆発……6, 55
人口ピラミッド……11, 12, 101
人口変動……5
人口問題研究会……36, 40, 44, 48, 53, 58
人口問題研究所……38, 44, 53
人口問題審議会……44, 45, 53-57
新生活指導委員会……50, 58
人的資源論……40
新マルサス主義……22
生産年齢人口……12

精神病院法……33
生存権（論）……36, 108
『成長の限界』……9, **10**
性的マイノリティ……4
『青鞜』……94
性別役割分業……2, 68
生命倫理……3
『世界人口白書』……7
世代間格差……106, 108
絶対的過剰人口……21
前期高齢者……107
専業主婦……83, 84, 99
全国総合開発計画……52
潜在能力……81
相対的過剰人口……21
相対的貧困率……81
SOGI……4

た

待機児童（問題）……71, 93
大正デモクラシー……**37**
第２の人口転換……61, 62
ダイバーシティ……4
託児所……77
短時間勤務制度……79
男女共同参画社会……99
男女雇用機会均等法……79, 86, 88, 92, 99
地域開発……52
地域包括ケアシステム……116
地方創生……109, 112
超高齢社会……104, 115
ドイツ歴史学派……**21**
統計局……**47**
トラホーム予防法……33

な

ナショナルミニマム……102
ナチスドイツ……116
日中戦争……38, 41
ニッポン一億総活躍プラン……113

日本家族計画連盟……49
日本型福祉社会論……99
日本人口学会……45, 53
日本的雇用……67
妊娠適齢期……70
認定こども園……75
認定こども園法……75
年少人口……12

は

パートタイム（労働）……76, 84, 87
非嫡出子……64
一人っ子政策……6
避　妊……64
標準家族……2
フェミニズム……61, 62
福祉国家……102, 103
『婦人公論』……94, 98
ベヴァリッジ報告……102
ペッサリー……30
ベビーブーム
　　第1次——……62, 64, 82
　　第2次——……62, 64, 82
　　第3次——……82
保育所……77, 78, 86
保健衛生調査会……33
ポジティブアクション……99
母　性……2
母性保護論争……1, 93, 94, 98
母体保護法……15, 27

ま

摩擦的失業……14
まち・ひと・しごと創生法……110, 112
間引き……16
満州事変……38, 41

や

優境学……26, 28, 32
有効需要……23
優生学……2, 15, 26-**28**, 32, 55, 116
優生結婚研究所……39
優生保護法……15, 48, **49**, 50, 64
幼稚園……77, 78
幼保一体化（一元化）……78

ら

卵子提供……82
リプロダクティブ・ヘルス／ライツ……9, **10**, 17
良妻賢母……2, 68
リング……30
歴史人口学……117
労働価値説……19
老年人口……12, 106, 115
ロボット……116

わ

ワークライフバランス……91
YMCA……**38**, 39, 41

# 人名索引 (太字の箇所は，本文中☞注で詳しく解説)

## あ

安部磯雄……**30**
イースタリン，リチャード……60
池田林儀……**28**
石垣綾子……**96**, 97
磯野富士子……**97**, 98
伊部英男……51, **52**, 53, 57
ウ・タント……**8**
ヴァン・デ・カー……61
上田貞次郎……36, **37**
海野幸徳……**28**
エンゲルス，フリードリヒ……21
大来佐武郎……**55**, 57
大河内一男……**40**
太田典礼……**31**
大淵寛……48

## か

賀川豊彦……**30**
加藤シズエ……**30**
河上肇……**29**
北岡寿逸……39, **40**
キャナン，エドウィン……23, **24**
ギャンブル，クラレンス J……49
ケイ，エレン……**94**, 95
ケインズ，ジョン メイナード……23, **24**
古屋芳雄……**40**
ゴルトン，フランシス……**26**
コント，オーギュスト……25

## さ

サンガー，マーガレット ヒンギズ……**22**, 30
三田谷啓……**28**
篠崎信男……44, 46, **50**
下条康麿……46, 49

## た

ストープス，マリー カーマイケル……**22**
スペンサー，ハーバード……25, **26**

ダーウィン，チャールズ……25, **26**
高田保馬……**29**, 37
高野岩三郎……**33**, **34**, 37
武田京子……**97**, 98
建部遯吾……**28**
舘稔……39, **40**, 44, 46, 51, 53, 56
寺尾琢磨……**44**, **45**, 46, 55
デュモン，アルセーヌ……**24**, 25
暉峻義等……**28**, 37, 39
トルストイ，レフ……**94**, 95

## な

永井亨……36, **37**, 38, 44-46, 56, 58
永井潜……**33**, **34**, 37-39
那須皓……**29**, 36, 44
新渡戸稲造……36, **37**, 38

## は

速水融……117
ハロッド，ロイ……23, **24**
ハンセン，アルヴィン ハーヴィ……23, **24**
ビスマルク……102
平塚らいてう……1, 93, **94**, 97
福武直……52, 57
福田徳三……36, **37**
富士川游……**33**, **34**
ベッカー，ゲイリー……60
ブレンターノ，ルヨ……24

## ま

マーシャル，アルフレッド……**20**, 21, 25
馬島僴……**30**

マルクス，カール……**22**, 29
マルサス，トマス ロバート……1, **19**, 22, 26, 27, 29
南亮三郎……27, 46, 47
美濃口時次郎……39, **40**, 45
ミル，ジョン スチュアート……**20**-22, 25
メドウズ，ドネラ……56
森田優三……45
森本厚吉……**28**
モンベルト，パウル……24, 25

や

矢内原忠雄……**29**, 37, 46
山田雄三……54

山中篤太郎……44, **45**, 46
山本宣治……**30**
与謝野晶子……1, 93, **94**, 95, 100
吉田忠雄……47
吉田秀夫……28, 46
米田庄太郎……**28**

ら

ライベンシュタイン，ハーヴェイ……59
リカード，デヴィッド……19, **20**, 21
リチャーズ，エレン……**26**, 32
ル・プレイ……24, **25**
レスタギ，ロン……61

〈著者紹介〉

杉田 菜穂（すぎた　なほ）

1980年生まれ
2009年、大阪市立大学経済学研究科後期博士課程修了（経済学博士）
現在、大阪市立大学大学院経済学研究科准教授

〈主要著書〉
『人口・家族・生命と社会政策―日本の経験―』法律文化社、2010年
『〈優生〉・〈優境〉と社会政策―人口問題の日本的展開―』法律文化社、2013年
『日本における社会改良主義の近現代像―生存への希求―』（玉井金五との共著）
　法律文化社、2016年

Horitsu Bunka Sha

## 人口論入門
──歴史から未来へ

2017年9月1日　初版第1刷発行

著　者　杉田　菜穂

発行者　田靡　純子

発行所　株式会社　法律文化社

〒603-8053
京都市北区上賀茂岩ヶ垣内町71
電話 075(791)7131　FAX 075(721)8400
http://www.hou-bun.com/

＊乱丁など不良本がありましたら、ご連絡ください。
　お取り替えいたします。

印刷：中村印刷㈱／製本：㈱吉田三誠堂製本所
装幀：白沢　正
ISBN978-4-589-03860-9
Ⓒ2017 Naho Sugita Printed in Japan

|JCOPY|〈（社）出版者著作権管理機構　委託出版物〉|

本書の無断複写は著作権法上での例外を除き禁じられています。複写される
場合は、そのつど事前に、㈳出版者著作権管理機構（電話 03-3513-6969、
FAX 03-3513-6979, e-mail: info@jcopy.or.jp）の許諾を得てください。

杉田菜穂著
## 人口・家族・生命と社会政策
―日本の経験―
A5判・294頁・5600円

戦前日本の少子化論を丁寧に掘り起こし、家族政策の観点から、政策展開や社会政策論の系譜を再照射し、その史的意義を捉えなおす。現代的な議論に新たな視座を切り開く問題提起となる一冊。

杉田菜穂著
## 〈優生〉・〈優境〉と社会政策
―人口問題の日本的展開―
A5判・330頁・6300円

1920〜70年代の人口の〈質〉をめぐる生と環境の改善＝生活政策の形成・発展を、永井亨や北岡壽逸を軸にたどり、生活政策論の系譜を描き出す。さらに、大河内理論を相対化することで、日本社会政策論の史的特質に迫る。

玉井金五・杉田菜穂著
## 日本における社会改良主義の近現代像
―生存への希求―
A5判・292頁・6200円

大河内一男、福武直、上田貞次郎……人口・社会問題≒生命・生活問題を軸に、戦前戦後の社会改良主義の学問的鉱脈を探索し、現代と対峙する。思想・学説と政策制度の絡み・構造を通して原点に返り、現代を見通す。

大森真紀著
## 世紀転換期の女性労働
1990年代〜2000年代
A5判・256頁・3900円

性別と正規・非正規雇用の二重の格差が凝縮する女性雇用は改善されたか。バブル経済の最中からリーマン・ショック後までの20年間の、規制緩和政策や均等法の動き等を丁寧に検証・考察し、労働政策と労働市場における女性の位置づけを確認する。

下夷美幸著
## 養育費政策の源流
―家庭裁判所における履行確保制度の制定過程―
A5判・272頁・4000円

「制度の実効性」が問われることなく導入された履行確保制度について、その全制定過程を一次資料から丹念に分析し、養育費政策の陥穽（かんせい）を解明する。養育費確保の制度構築へ向け、貴重な史実と不可欠な視点を提供する。

岡田知弘・岩佐和幸編
## 入門 現代日本の経済政策
A5判・282頁・2800円

経済政策を「広義の経済」を対象とする公共政策と捉え、産業・生活・公共・対外関係の4観点から包括的・多角的に考察。歴史の展開と最前線の動きをフォローし、現代日本経済と経済政策の全体像をわかりやすく解説。

―――法律文化社―――

表示価格は本体（税別）価格です